外国人労働者をどう受け入れるか

「安い労働力」から「戦力」へ

NHK取材班

NHK出版新書
525

外国人労働者をどう受け入れるか——「安い労働力」から「戦力」へ　目次

はじめに

日本の外国人労働者数が、二〇一六年、初めて一〇〇万人を突破する見込みであると知り、私たちは「外国人労働者一〇〇万人時代へ」をテーマに取材に走り出した。

いよいよそんな時代が到来したのか――そう思うと同時に、取材を始めてみると、外国人労働者なくしては、成り立たなくなっている日本の深刻な〝働き手不足〟を痛感させられることになった。しかし、一方で、外国人労働者を都合良く「使い捨て」にしている現実が、水面下で漫然と続いている実態も浮かび上がってきた。

私たちは二〇〇六年から貧困・格差問題をテーマに取材を続けてきた。それから一〇年――、日本で働く労働者の格差はどんどん広がり、非正規労働者は増え続けている。働いてもワーキングプアから抜け出せない現実——そうしたワーキングプアが「外国人労働者」にも広がっていること、さらに労働者としての権利が奪われた状態であることがわかってきた。

居酒屋やコンビニエンスストアで外国人を見かけない日はない。こうしたサービス業でアルバイトをしている外国人は、実は、多くが「留学生」だ。サービス業で働くことを理由に、日本では外国人の在留を許可していないため、「留学生」として来日し、もちろん日本語を学びながらアルバイトをしているのだ。こうした外国人なくして、コンビニに限らず、ファストフードや外食チェーンなど、サービス業の分野では人材を確保できない状況に陥っている。

農家で栽培から収穫まで農作業をしているのも、水産加工の工場労働者として働いているのも、解体現場で力仕事をしているのも、外国人が目立って増えている。こうした「きつい・安い」という労働は日本人には敬遠され、人手不足が深刻だ。しかし単純労働者は、やはり、在留許可が認められないため、こうした分野では「技能実習生」という形式で外国人の労働力を確保している。

人手不足を補いながら、「労働者」としての来日を認めない——矛盾だらけの実態が放置され、そのことが外国人の「労働者」から多くの権利や機会を奪っているのではないだろうか。

もちろん欠かせない人材になりつつある外国人を貴重な戦力と位置づけ、就労環境や給与だけでなく、住宅などの暮らしの支援にも力を注いで、Ｗｉｎ－Ｗｉｎの関係を築いている企業も現れ始めている。しかし、外国人労働者を必要とする企業の中には、日本人の「高い」労働力では、赤字経営に陥るため、「安い」労働力として外国人を雇用しているところも少なくない。そうした業界でも、決して労働環境が整っているわけではなく、むしろ、搾取される可能性が高いにもかかわらず、外国人労働者は増加してきたのだ。

かつて、日本人が「一旗揚げたい」「お金持ちになりたい」と夢を抱えて、海を渡った時代があった。アメリカン・ドリームという言葉も生まれ、欧米各国で「成功者」になった日本人は、チャンスをくれた国に感謝しながら、日本人として生きている。しかし、日本にやってきた外国人に、私たちは、その夢をかなえる手伝いができているのだろうか。

技能実習生として来日した中国人の女性に言われた言葉が耳に残っている。

「私は、人として扱われなかった。作業機械と同じ。中国に帰ったら、周りの人たちには日本には行かないほうがいいって言います」

こうした状態を放置すれば、いずれ、深刻な人材不足に陥った時――二〇二〇年には四〇〇万人が不足すると試算されている――日本で働きたいと思ってやって来る外国人の労働力を十分に確保しきれるだろうか。

本書で詳述するが、彼らは、本国にいたままでは到底返済できないであろう借金を背負って、来日する。本国が発展途上国だったり、貧困地区だったりすると、正しい情報が本人に伝わらず、「借金をしても、それを上回る稼ぎが得られる」と騙《だま》されて連れてこられるケースもある。しかし、そうであったとしても、日本に来たほうが、本国にいるより稼げ、借金返済のみならず家族への仕送りもでき、かつ、技術や教養も身につくのではという、彼らにとっては、いわば「ジャパニーズ・ドリーム」なのだろう。

不況が続く一方、日本の労働力不足は深刻さを増す。日本人の労働環境も悪化する中、外国人労働者のそれもほとんど改善されないまま時が過ぎる。しかし、彼らは自らのため、家族のため、稼ぐため、来日をやめない。

しかし、このままの状況下では、遠からず来日する労働者は減るだろう。韓国や工業化を遂げたタイの工場では、すでに外国人労働者の処遇を整え、実際、出稼ぎに行く労働者が増加している。日本が外国人労働者に対する処遇を真剣に考えない限り、彼らに夢を与え続けることはできないだろう。

さまざまな矛盾を含みながらも、外国人労働者が一〇〇万人を超えた――いまここが、彼らの問題に正面から取り組まなくてはいけない転換点なのだろうと、取材を重ねて、私たちは強く思う。


本書は、第一章では、「奴隷労働」と言われるほどひどい状況で働かされている外国人労働者の実態を検証する。第二章では、労働力が欲しい日本と劣悪な環境でも増える外国人労働者たちの、本音と建前に迫る。第三章では、外国人労働者たちとの共生のヒントを考察する。

外国人労働者が一〇〇万人を突破した現在、日本の人口減という問題を前に、私たちは本気で、彼らとどう生きるかを模索する時代に入ったと言えよう。このまま外国人労働者を「使い捨て」にせず、どう「共生」していくのか。本書をきっかけに、考える機会にしてもらえれば、と願ってやまない。

二〇一七年七月　　ＮＨＫ青森放送局放送部　ディレクター　小林竜夫

第一章　最下層労働者たちの実態

——シェルターで見た奴隷労働

1 「使い捨て」の実態

「日本で働く外国人」≠「外国人労働者」

二〇一五年秋、日本で働く外国人が駆け込む「シェルター(避難所)」が設置された、と聞いて取材に走り出した。シェルターに逃げ込むほど、劣悪な労働環境に置かれている外国人労働者がいるということだ。まず驚いたのは、日本で働く外国人の多くが「労働者」として日本にやって来た外国人ではない、ということだ。「日本で働く外国人」≠「外国人労働者」である。日本で働く外国人の多くは、「就労」を目的にした在留資格ではなく、別の目的で来日している。そうした、正規の「労働者」ではないはずの人たちを、本書では「外国人労働者」としている。

外国からの移民を受け入れない立場をとっている日本で、労働力として受け入れている外国人労働者は、大きく二つの類型に分けられる。一つが「留学生」として学びにやって来る外国人の若者たちだ。その多くはコンビニや居酒屋など、サービス業の分野でアルバイトなどをしながら、日本で「働いて」いる。

もう一つが、日本の技術などを学ぶ目的でやって来る、滞在期間三年という期限付きの「外国人技能実習生」（以下「実習生」）だ。日本の最先端の現場で、先進的な技術などに触れ、学び、それを持ち帰り、自国の発展に生かすというのが本来の目的だ。しかし今、実習生は農業、水産加工業、建設業、製造業などの「日本人がやりたがらない」「きつい・安い」といった肉体的な負担の大きい労働現場で、単純労働力として機能している。

その結果、期限付きで働きに来る実習生は、都合のいい「使い捨て労働力」とされるケースが頻発し、シェルターが設置されるほどの事態が広がっているのだ。

一方、「きつい・安い」に耐えられず、帰国する期限を迎える前に経営者のもとから逃げ出す外国人が後を絶たず、不法滞在が増えていることも懸念されている。さらに、日本には不法滞在を前提でやってきて、日本に入国するための「身分証」として実習生の立場を利用し、すぐに「失踪《しっそう》」してしまう外国人も増え始めている。

必要な労働力を「労働者」として受け入れず――移民の受け入れも含めた根本を議論しようとせず――「期限付き」の労働者たちを増やし続けた〝ゆがみ〟が格差社会の底辺で

噴出し始めているのではなかろうか。

実習生の駆け込み寺

岐阜県羽島《はしま》市、縫製《ほうせい》工場などが点在するこの地域に、二〇一五年、岐阜一般労働組合の外国人支部の管轄のもと、外国人の駆け込み寺とでもいうべきシェルターが設置された。岐阜県は、製造業や縫製業などの分野で実習生が目立って多く、この地域で実習生の相談窓口をしてきた中国人が設置に奔走したのだ。

シェルターの設置の立役者《たてやくしゃ》、甄凱《ケンカイ》さんが初めて来日したのは、一九八八年、東洋大学に留学した時だった。卒業後、銀座のアパレルメーカーで通訳として働いた。貿易会社などを転々とした後、埼玉県で、中華料理店を開いた。その店に偶然やって来た中国人の実習生から「困っている仲間がいる」と聞かされたのが二〇〇五年のことだった。話を聞いてみると「鉄工所で実習していた青年が作業中の事故で骨折したにもかかわらず、放置され、治療さえ受けていない」という内容だった。

何とか青年を救おうとした甄凱さんは、外国人の相談を受け入れていた東京の労働組合

甄凱さんと、秘書代わりを務める妻の鄧紅霞(トウ・コウカ)さん

の扉をたたき、それが外国人労働者を支援する活動に加わるきっかけとなった。そして、その時出会った仲間たちに、世話好きで面倒見のいい甄凱さんの性格が買われ、岐阜県の労働組合の幹部として組合活動に参加することになったのだ。

縫製工場には実習生が多く、問題が多発していた。甄凱さんは、岐阜県の労働組合の専従として勤務するようになったが、岐阜県だけでなく、全国各地を飛び回るようになった。実習生の相談窓口は少なく、甄凱さんの電話番号が口コミで広がっているためだ。多い日は、一日で数十本ものSOSの電話がかかってくる。それらに応え、必要な手立てを講じるため、企業とやり合うことも日常だ。そのため、神出鬼没《しんしゅつきぼっ》で、携帯電話がつながらなければ、どこにいるのかもわからないほど、多忙な日々を送っている。

二〇一五年九月、シェルターの現状について話を聞こうと、甄凱さんの携帯電話に連絡した。運よく電話に出てくれた甄凱さんは、翌日、茨城に行く予定だと話してくれた。

「明日、実習生を助けに行きますよ。茨城の霞ヶ浦《かすみがうら》にね、怪我《けが》して困っているっていう男性がいるから。取材に来ますか？」

忙しい甄凱さんのこと、「事務所でゆっくり話を聞きたい」などと言えば、いつになるかわからないということもあり、あわてて「現場に同行させてもらいたい」と頼んだ。

甄凱さんの勢いに押される形で、さっそく、実習生に会えることになった。中国・山東《さんとう》省から来た、秦国《シンゴク》さんという三〇歳（当時）の男性だ。

秦さんが働いているのは、茨城県の霞ヶ浦にある養豚場だという。「豚小屋の隣に寮があり、とても臭い」と訴えており、甄凱さんの話では、かなり劣悪な環境で働かされているのではないか、とのことだった。さらに、作業中の事故で怪我も負っているという。

秦さんの置かれた境遇面も心配した甄凱さんは、病院に連れていくついでに、寮や作業場にも立ち寄りたいと話していた。

秦さんに会う日、私たち取材スタッフは、まず甄凱さんと合流した。秦さんに会う前に実習生の置かれた現場にどういう問題があるのかを把握しておきたいと思ったからだ。会って早々、甄凱さんは、まくしたてるように、問題点を次々と指摘した。

「たとえば、休みがないということ。休日がなく、残業をしても残業代も支払われていません。しかし、雇用契約書を実習生に渡していないので、実習生の側から訴えようにも、雇用条件がわからないから『条件に違反している』といった明確な形で訴えることができないのです。それでも労働時間が長いから、彼らの賃金は茨城の最低賃金の半分ぐらいになってしまう。休みもなく、給与も支払われず、これは大問題ですよ」

体を壊すまで働かされる

「最低賃金の半分」と聞いて、驚いた。確かに「ブラック労働」という言葉にも象徴されるように、長時間労働を強いられ、それでも残業代も支払われない、といった現実があることは知っていたが、甄凱さんの話は、想像を超えていた。

「秦さんの職場は、どんな業種だったのですか？」

「養豚場ね。豚に餌をやったり、掃除。あとは、子豚をつくるための人工授精もやったと言っていたかな。秦さんはね、その豚の糞《ふん》を掃除するベルトコンベアーを清掃していた時に、豚の糞が詰まって動かなくなったコンベアーを直そうとして巻き込まれて怪我したのです。骨折したのに、会社は労災を出そうとしないんです」

「体が壊れたら、使い捨てってことですか？」

「そう。二〇万円だけ渡して、中国に帰って治療しろ、で終わりですよ」

会社の経営者たちが、実習生を労働者として扱っていない、使い捨てできる都合のいいモノとして扱っている、ということに、甄凱さんは憤慨《ふんがい》していた。どうせ三年すれば帰ってしまう実習生は、短期間、都合よく使える「使い捨て人材」にされているのだ、と繰り返し主張していた。

仕送りをできないことが辛い

甄凱さんと話しながら、車で移動して一時間ぐらい経った頃、秦さんとの待ち合わせ場所に到着した。秦さんは、不安そうな表情で待っていた。

「秦さん、怪我はどうですか」

甄凱さんは、会ってすぐにそのことを確かめた。

「痛みよりも、給料が入らなくて大変です。中国の家族にずっと仕送りしていません。だから、家族は借金で生活しています。怪我をしたことで、家族に迷惑をかけました」

秦さんは家族のことを話す時、うなだれていた。

「家族の写真はありますか」

甄凱さんはたずねた。すると携帯電話を取り出し、見せてくれた。

「これが息子ね。全然、会えない。私が日本に来てから生まれたので、会っていない」

写真は、妻が携帯電話で撮影して、送ってくれたものだという。三年前に来日した秦さんは、生まれてくる息子のためにも、少しでも収入を得たいと実習生に応募したと話してくれた。家族は、日本で稼ぐことができるなら、と来日に必要な費用を借金して送り出してくれた。その借金を返すこともできないまま、今回の怪我でさらに借金を重ねてしまったのだという。

「日本に来て一五日経った時、息子が生まれました。この三年間、息子に会いたいと何度も社長に申請しましたが、休暇を取らせてもらえなかった」

秦さんは、一刻も早く帰国したいが、せめて怪我を治して治療費をもらってからにしたいと訴えた。もはや、受け取っていない残業代まで要求しようという気持ちはないようだった。幼い息子を抱えた妻は、頼る人もなく、借金を抱えて困っているとしきりに訴えてくるということだった。しかし――

「怪我をしたといっても、国に帰れば私は大黒柱です。妻と子どもを養わなくてはなりません。しかし……手が使えないまま帰国したら、どうなりますか。どうすればいいのか、わかりません」

のらりくらりと逃げる事業主

話をしているうちに、実習先の養豚場に到着した。養豚場は、実習生が世話をしているためか、掃除は行き届いていたが、糞の臭いは強烈だった。その養豚場のすぐ裏手、おそらく道具などを置いていた物置のような建物が「寮」だった。寮も部屋は整理整頓され、掃除も行き届いていたが、臭いがきつく、何よりも壁が薄いため、暑さ、寒さが厳しいだろうと想像できる環境だった。

「これは本当は軽いんです」と話しながら、秦さんは、押し入れに入っている古い汚れた布団《ふとん》を見せてくれた。

「それでも持ち上げられない。こんな軽い布団を運べないぐらい、腕の怪我は治っていません」

ここで長時間労働を強いられ、残業代が未払いでも我慢して働いた結果、腕の骨を折る大怪我をした秦さん。しかし、会社側は、怪我をした秦さんに「八月に帰国するはずだったから、怪我をした三月から八月の間の労災は払う。しかし、それ以外は払わない。賠償もない」と言い切ったという。秦さんは「同じ現場で働く日本人なら残業代を払っていたはずだ」と甄凱さんに訴え、未払いの残業代も含めた賃金も含めて、支払って欲しいと交渉している。

しかし、養豚場の事業主も、その養豚場に実習生を派遣している監理団体も、のらりくらりと責任逃れをし、支払う姿勢は見せなかった。甄凱さんは「粘り強く闘いますよ。こんなこと慣れっこですから」と決意をみなぎらせていた。

「それでも日本人はすばらしいですよ」

秦さんは、私たちに結婚式の写真を見せてくれた。結婚した翌年の二〇一一年、両家の親たちが精一杯の思いを込めて、立派な式を挙げてくれたという。秦さん夫婦の笑顔が初々しい、とても心温まる写真だった。その翌年の一二年八月、秦さんは子どもを授かったが、来日を決意した。「日本には夢がある」と信じていたからだ。

しかし、日本に着き、秦さんが寮として割り当てられた「住まい」は、豚小屋の隣にある物置を改造したような、冷暖房もなく、豚の糞の臭いがこもっているトタンのバラックだった。低賃金で長時間労働を強いられたうえに、狭くて臭い寮でゆっくり休むこともできず、仕事で怪我をしたら「帰国しろ」と命じられ——。そのような環境で三年間も我慢してきた秦さんは、さぞかし日本がイヤになっているだろうと思った。別れ際、秦さんに聞いてみた。

「中国に戻りたいですか」

「はい、早く戻りたいです」

「それは日本がイヤだということですか」

「いいえ。日本は気候もいいし、お店の人のサービスもいいし、町もきれいだし、とてもいい国です。また来たいです」

「え？」

驚いて、その意味を問うと、

「うちの社長以外は、みな、親切でいい人です。この前、スーパーで買い物をしていた時、携帯電話を落としました。それでも誰も、勝手に持って帰ろうとせずに、届けてくれました。日本人はすばらしいですよ」

秦さんは、外国人労働者を「安くて都合のいい使い捨て労働力」として扱う、一部の日本人が異常で、ほとんどの日本人は優しい、親切だ、と繰り返した。それを聞いていた私たちは、申し訳ない思いにかられていた。ここまで日本を理解し、日本人を大切に思ってくれる外国人を「使い捨て」にしている経営者がいること——。しかも、それを取り締まったり、処罰するための方法がないこと——。どうすれば、こうした外国人を減らせるのか、暗澹《あんたん》たる思いになった。そうした経営者は、雇っているのが日本人でも同じことをするのだろうか……。

秦さんは「早く帰りたいから、治療費のことや残業代の未払い分について社長と交渉してほしい」と繰り返し甄凱さんに訴えた。甄凱さん以外に頼る人はいないということだった。実際、同じ現場で研修する実習生たちは、「自分たちが経営者に目をつけられたら終わりだ」と怯《おび》えていて、困っていても見て見ぬふりだという。秦さんは、何度も頭を下げて、お願いします、と言いながら去っていった。

「大変な相談が持ち込まれるんですね」

帰る道すがら、甄凱さんに声をかけると、甄凱さんは「三六五日、こんな日が続くんだよ」と言って、にこっと笑った。相手を安心させてくれる笑顔だった。その屈託ない笑顔を見ながら、タフな甄凱さんを頼りにする外国人が後を絶たない理由がわかるような気がした。

2　人権を無視した「奴隷制度」

開設後二か月で満室になったシェルター

岐阜県に設置したシェルターには、甄凱さんが各地から保護した中国人の実習生たちがやってきて、あっという間に空室がなくなった、と連絡があった。二〇一五年一〇月、シェルターを開設してから二か月も経たない頃だった。

「まだカーテンがついてない部屋もあるけれど、部屋の改装中に次々と実習生を保護せざるを得なくなってね」

甄凱さんは、相変わらず各地で奮闘しているようだった。まずはシェルターの現状を知りたいと言うと、ちょうど実習先の寮から逃げ出したいという女性がシェルターに引っ越して来るというので、その女性の保護に向かう甄凱さんに同行取材しながら、シェルターに案内してもらうことにした。

待ち合わせの場所に現れたのは、カーディガンにジーパン姿の清楚な女性だった。化粧っ気のない素顔が若々しく、二〇代に見えたが、甄凱さんに聞くと三〇歳より少し上、ということだった。

「周さん、こっち、こっち」と甄凱さんが手招きした。しかし、その女性――周さんは私たちテレビ局のスタッフの姿を見ると、厳しい表情で言った。

「私は、テレビのインタビューは受けません」

甄凱さんは慌《あわ》てて「インタビューはしたくなければ、それでいいよ」と言ったが、女性の表情は固いままだった。甄凱さんの車に同乗していた元実習生の中国人男性が、女性に「荷物を運ぶのを手伝おうか」と中国語で話しかけると、ようやく表情を和《やわ》らげ、布団や衣装ケースを運ぶのを手伝ってほしいと言って笑顔を見せた。その笑顔が美しくて、驚いた。出会った当初の固い表情との落差に、彼女が置かれている辛い境遇を思い知らされた。

周さんと引っ越しの荷物をのせた甄凱さんの車を追いかけ、四時間ほど運転した後、ようやく目的地のシェルターに到着した。古いアパートのような建物を改修してシェルターにしたというが、改修は手つかずで、とりあえず二階のあいている部屋に、保護された実習生たちを住まわせている様子だった。

「この部屋を使ってください」

甄凱さんが周さんを案内したのは、二階のいちばん奥にある六畳の和室だった。和室だが障子はなく、窓枠にはカーテンレールがある。

「部屋の中が見えたら、困るからね」

甄凱さんは周さんにカーテンを一組渡すと、これを窓につけるようにと伝えた。周さんは、車から布団やスーツケースをおろし、部屋に運び込むと、少しほっとした表情になった。周さんは、夢中で部屋にカーテンを取り付ける作業に取りかかったので、私たちは甄凱さんを廊下に呼んで、周さんの状況について、話を聞いてみることにした。

時給三〇〇円の仕事

「周さんは、どうしてシェルターに移ったんですか？　働き方に問題があったんですか？」

甄凱さんは、質問にうなずきながら、答えてくれた。

「周さんは農家で大葉を収穫する業務にあたっていました。その作業というのは、輪ゴムで大葉を五枚束ねるというものなんですね。それを二つ、つまり一〇枚の大葉を束ねて報酬は二円、という計算でやっていたんです。つまり出来高制です。その賃金のあり方は、大問題ですよね。それに加えて、経営者のセクハラ問題もあったんです」

「一〇枚の大葉を二つに束ねて二円というと、時給にすると、どのぐらいですか」

「おおよそ一時間の作業量を換算して、時給三〇〇円です」

そもそも出来高制の賃金設定は、技能実習制度では認められていない。「実習」している、つまり技術を習得している、という建前では、出来不出来で賃金に差が出てしまうのは、あり得ないからだ。

しかも、時給に換算すると三〇〇円という低い水準は、さらにあり得ないことだ。周さんが働いていた農家は茨城県だったが、茨城県の最低賃金七四七円（二〇一五年一〇月時点）を四〇〇円以上、下回る額だ。

「これを見てください」

甄凱さんは、ファイルから一枚の写真を取り出した。農作業にあたっていた時期の周さんの手を撮影したものだという。両手が真っ赤に腫《は》れ上がり、血がにじんでいる。水を使う農作業で手が荒れがちだったのに加え、一日中、大葉を束ねる作業をしていたため、手の腫れがひかなかったのだと教えてくれた。

それだけでなく、経営者からセクハラの被害も受けていたという周さん。その被害がどのようなものだったのか教えてもらうことはできなかったが、周さんを深く傷つけたことは間違いない。

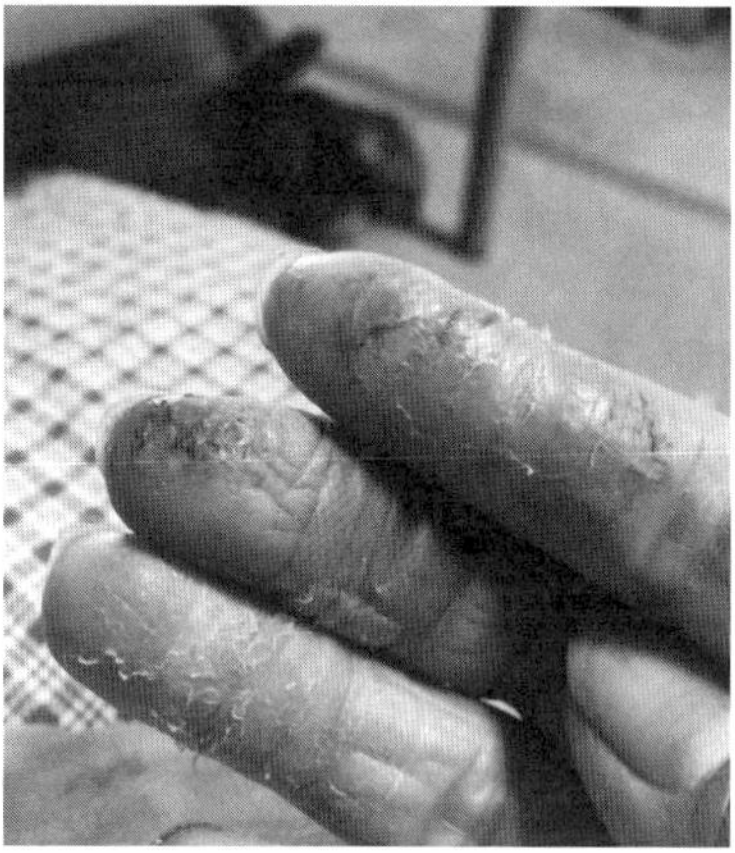
大葉を束ねる作業で荒れた周さんの手

「周さんが甄凱さんを偶然知っていて、助けを求めたから間に合いましたが、知らなかったらどうなっていたと思いますか」
甄凱さんは、その質問にも、深くうなずきながら、悲痛な表情で答えてくれた。
「今、技能実習制度で一七万人（二〇一五年当時。二〇一六年は約二一万人）ぐらいの実習生が日本で学びながら働いています。その中で私たちの労働組合のことを知っている実習生は、ごくわずかでしょう。知らない実習生たちは、耐えるしかないのです。だから問題は放置され、解決に向かいません。もし、何の助けもなく、彼らが経営者に反発すれば、より悪い条件で働かされたり、無理矢理、帰国させられたりするという状況なんです」

すべての希望が不幸に変わった

当初、取材を拒否していた周さんは、シェルターに滞在して数週間が経過した後、少し精神的に立ち直ることができたせいか、インタビューを受けてもいいと言ってくれた。開口一番、口から出たのは、こんな事態が起きるとは思っていなかったという言葉だった。

「当初は三年間の実習が無事終われば、お金を稼いで、中国に帰れると思っていました。必死で働いたのに給料も払ってもらえず、セクハラも何度も繰り返され、こんなひどい目に遭うとは思ってもいませんでした」

そして取材を受けたのは、こうした実態をメディアを通じて告発することで、同じような目に遭っている実習生を救ってほしいと思ったからだという。

「マスコミを通して、私たちを助けてほしいのです。私たちの潔白と正義を認めていただきたいのです。そして、受け取るべき賃金を支払ってほしいのです」

同じ日本人の経営者が、このような事態を引き起こしていることが、申し訳なく、恥ずかしくもあった。周さんのインタビューは、私たちの心にもトゲのように刺さった。

「日本に来て、すべての希望が不幸に変わりました。日本の法律がどうなっているかはわかりませんが、私たちは社長から奴隷のように扱われていました」

シェルターにやってきて三か月後、周さんは賃金の支払い交渉が長引いたことに苛立ち、結局、未払いの賃金については、何ら補塡《ほてん》されないまま、中国に帰国した。周さんにセクハラを繰り返した男性は、今も実習生に農作業を任せている。その現場で第二、第三の周さんが現れないように、祈るしかない。

経営者の男性は、未払いの賃金を支払うことも、セクハラの慰謝料を支払うこともなく、また、何らかの責任を問われることさえない。本来であれば——日本人の労働者が経営者を訴えようと思えば——裁判所からは賃金を支払うよう命じられ、セクハラの慰謝料も合わせて支払ったうえで、経営者としての責任も問われるであろう。同じ労働者でありながら、こうした権利を周さんは持つことが許されなかった。

周さんは、そのこともインタビューで訴えていた。

「私に権利を返してほしい」

技能実習が「労働」ではなく「実習」だとしても、せめて労働者としての権利は、認められるべきではないだろうか。

日本の労働市場が深刻な人手不足に陥っている中で、とりわけ働き手が不足しているのが、秦さんや周さんが働いていた現場のように、農業や製造業など、肉体的にも負担の大きい仕事だ。日本人はその労働環境の過酷さを知っているから、ほかに仕事があれば、あえて厳しい現場を選ばない。だからこそ、日本人が集まらないために困った経営者たちが、実習生を雇うことに踏み切らざるを得ないのだ。

こうして日本人が嫌がる「重労働・低賃金」という単純労働の仕事を日本へ技術を学びにやってきた実習生に担わせ、さらに、賃金も十分に支払っていない状況が放置されている。格差社会の底辺で起きている深刻な事態――実習生の身に起こっているこうした被害は、ワーキングプアの最底辺にいる労働者が背負わされた〝ゆがみ〟のように思えてならなかった。

シェルターでひっそり暮らす実習生たち

甄凱さんが二〇一五年に立ち上げたシェルターには、同年一〇月初旬の取材当時、六人の中国人が保護されていた。保護されて数か月で帰国して、また新たな実習生がやって来るため、延べ人数にすれば、一四六人がシェルターで保護されたことになる（二〇一五年一〇月～二〇一七年六月）。

開設当初から、そのシェルターで実習生たちを元気づけていたのが、甄凱さんの妻、鄧《トウ》紅霞《コウカ》さんの存在だった。ある日の夕食のメニューは、紅霞さんが手作りした中国の味、餃子だ。実習生たちは、先を争うように、うれしそうに頬張っている。

「おいしいですか」

声をかけると、口の中を餃子でいっぱいにした実習生たちが、そろって、うんうん、とうなずいていた。

実は、紅霞さんも中国から実習生として来日し、縫製工場で働いていた。組合に駆け込み、過酷な労働と割に合わない低賃金を訴えたことをきっかけに、甄凱さんと出会い、結婚。以来、夫婦は二人三脚で実習生たちの相談に乗り、何とか救い出そうと日々奮闘して

シェルターでの夕食の様子。背広姿が甄凱さん（2015年12月撮影）

きた。

取材当時、シェルターに保護されていた六人は、全員が悲惨な現場から着の身着のまま逃げ出してきた実習生だった。

前述した養豚場のベルトコンベアーで怪我をした秦さんは、シェルターができる半年以上前から、甄凱さんの組合に保護を求めていた。こうした人が増えてきたことも、甄凱さんがシェルターを立ち上げよう、と踏み切った要因だった。

もう一人、シェルターの雑用も手伝っていたのが、栃木県の解体現場で働いていた中国・大連《だいれん》出身の三五歳（当時）の男性、張文《チョウブン》坤《コン》さん。文坤さんは、解体作業の現場で実習していて、作業中、ベルトコンベアーに腕を挟まれ、左腕を複雑骨折した。痛みがひどく、治療が続く最中に「現場に戻れ」と言われたため、逃げ出してきたという。シェルターで出会った当時も、腕を三角巾で吊《つ》っていて、怪我の治療が長引いているようだった。暗い過去を感じさせない明るい朗らかな人柄で、すぐに取材スタッフとも打ち解けてくれた文坤さんだが、実は大変な思いをして、這々《ほうほう》の体《てい》でシェルターまでたどり着いていたのだ。

「私は、正当な手続きをして実習生として日本に来ました。その後、所定の仕事に従事していて、仕事中に事故で怪我をしました。しかし、怪我をした後、給料だけでなく労災ももらっていません。まるで難民になったような気がしています」

文坤さんは、こう話した後、三角巾で吊った腕をさするようにして「服は今私が着ている一着しかありません。甄凱さんからもらったものです。会社は、私が逃げた後、荷物をすべて処分してしまいました」と話してくれた。中国の家族に心配をかけていることが一番辛いという。

文坤さんが中国へ帰国することをためらっているのは、多額の仲介料を払って送り出してくれた家族の手前、お金を稼げないばかりか、怪我まで負って帰ることに気がひけているためだ。

「日本に来る前、中国の派遣元会社に仲介料として五万元（約八三万円。為替レートは以下すべて二〇一七年七月現在）払いました。今は悪い夢を見ていると思いたいです。でも、これは夢ではない、実際の出来事です」

中国国家統計局が二〇一六年に発表した、前年度の全国都市部企業の平均年収は約六万二〇〇〇元。五万元がどれほど高額なものかがわかる。

シェルターには、ほかにも着の身着のまま逃げてきた実習生たちが大勢いて、驚くような身の上話を次々に聞かせてくれた。

縫製工場で働いていた二八歳（当時）の女性、楊小榮《ヨウショウエイ》さんもようやく逃げ出してきた一人だ。それも実習先からではない。強制帰国させられそうになって、寸前で空港から逃げ出してきたのだ。

楊さんは、二〇一二年五月に来日し、縫製工場で実習生として働き始めた。しかし、日々の残業が多いだけでなく、休みがほとんどない過酷な勤務状況だった。元旦を含めて、一年に一〇日間ほどしか休めず、長時間労働を強いられてきた。それでも一年目の基本給は月六万円で、残業代が時給四〇〇円。二年目の基本給は七万円で、残業代は時給五〇〇円。三年目は基本給七・四万円で、残業代は時給七〇〇円だった。

まもなく三年間の滞在期間を満了しようとしていた二〇一五年五月、少しでも多く給料を支払ってほしかった楊さんは社長に詰め寄ったという。

「実働賃金で未払い分があるのではないか。なぜ、こんなに給料が少ないのか。控除されているのか」

その途端、会社側は態度を一変させた。同じように社長に逆らった実習生三人を行き先も言わずに車に乗せ、中部国際空港に連れていったのだ。そして、楊さんたち三人は、そのまま無理矢理、強制帰国させられそうになった。

最後の月、五月分の給与を支払うこともせず帰国させてしまい、口を封じようとしたのだ。帰国してしまえば、交渉の余地もまったくなくなってしまう。そこで何とか飛行機に乗らずに、社長と押し問答をしていたら、空港での騒ぎを聞きつけた空港警察に取り押さえられたのだ。

警察が取り調べたところ、社長は「暴力を振るわれた、怪我をした」と訴え、全治二週間の診断書を提出した。そのことで、楊さんは、ほかの一人の実習生とともに、二三日間拘留された。

その後、楊さんは、着の身着のまま、甄凱さんに保護を求めた。楊さんは「帰国したら、借金の取り立てが待っている。日本に来るために、一〇万円以上借金してしまった。だから一円でも多く、未払い分を取り戻したい」

楊さんは逃げ出した後、中国から持ってきた衣類や身の回りのものも、すべて処分されていた。

「会社は、私が残してきた荷物も衣類も処分してしまった」

縫製工場で働く楊さんは、アイロンがけが担当だった。アイロンは立ち仕事のため、長時間労働が続くと、足は腫れ、立っていることが辛くなり病院で治療を受けなくてはならないこともあったという。

「忙しい時は、一二時間以上、立っていました」

楊さんは、日本に来る前、三年間働けば、最低でも二四万元（約四〇〇万円）は稼げると聞いて、来日を決意したという。買い物もせずに節約しても、三年間で一五万元（約二五〇万円）。それでは話が違うと経営者に説明を求めたら、強制帰国をさせられそうになる恐怖まで味わった。

「日本のことを嫌いになりましたか？」

質問の答えを予想しながら、それでも聞いた。

「日本の縫製業界の経営者は、みんな嘘つきです」

「強制帰国」の恐怖

事業所の規模が小さい縫製工場は、経営者が好き勝手をしても、目が行き届きにくい。そうしたこともあるのか、甄凱さんのもとへ相談に来る実習生の働く現場の中で、目立って問題の多い業種の一つが縫製工場だ。規模が小さいため、アットホームに研修生を大切にしているところもあるが、圧倒的に多いのが「規模が小さいからこそ、ばれにくい」という面を悪用して、残業代の未払い、パワハラなどの問題が顕在化しないように隠している事業所だ。甄凱さんは、実習生からの相談ファイルを取り出すと、そうした点について言及した。

「縫製工場が多いですよ。相談内容は、『最低賃金以下の賃金しか支払われていない』というものばかりですよ。これなんか、残業代が時給三〇〇円ですよ」

特に制度上の問題として挙げられるのが「経営者による強制帰国」だろう。長時間労働に耐えかねた実習生が賃金の未払いやパワハラ、セクハラなどを訴えて行動を起こした途端、「問題行動がある」として強制帰国をさせてしまうのだ。無理矢理、空港に連れて行き強制帰国させてしまえば、後は、帰国後にどんなに訴えようとしても「実習生の不適格者」として強制帰国させられたと見られ、とりあってもらえないのだ。

経営者の中には、反抗しそうな実習生について、給与から航空券費用をあらかじめ天引きしておいて、タイミングをみて、積み立てた費用で航空券を買い、強制帰国させているケースも少なくない。

前述した楊さんもそうした経緯で強制帰国させられそうになった。空港から「助けて」と甄凱さんに電話を入れ、緊急に保護を受けられ、間に合ったからよかったものの、強制帰国させられていれば解決の糸口さえ失ってしまう。

保護された時、楊さんは同じ縫製工場で働くもう一人の実習生と一緒だった。二人は、強制帰国させられそうになった際、空港で抵抗したため、拘留までされることになったが、警察は経営者の証言を信用した。日本語が苦手な二人が状況をうまく説明できなかったためだ。

なぜ、空港まで連れられてきたのか話を聞くと、帰国のことは知らされず、荷物も持たされず、行き先も告げられずに、だまされて空港まで連れてこられたことがわかった。

「その時、前月（五月）の給料も、まだもらっていませんでした。それから荷物も持っていませんでした。何も知らされずに、いきなり空港まで連れていかれました。空港に着いた途端、『帰国しろ』と言われました。私たちは、パスポートも返してもらっていなかったから、逃げようとした社長をつかまえました、仕方なくです」

制度を逆手にとった人権無視

楊さんはインタビューの中でも「社長は、約束を守らない、嘘つき」と繰り返し声を荒げながら訴えていた。しかし、その楊さんも、日本の印象を聞くと「日本はとても静かで、空気もきれいで、食べ物も安全ですばらしい国」と答えた。実習先で出会った経営者に問題があると知っても、それで日本のすべてを否定することはなかった。

実習生のこうした答えに接するたび、「彼らは日本が嫌いだから、日本人経営者を否定しているわけではない」と思わされる。それと同時に、これほど日本を好きで、日本で働くことに夢を抱いてやってきた人たちだからこそ、罪深いとも感じさせられた。こうした罪をまだ繰り返さなくてはならないのだろうか——。

その後、楊さんらが甄凱さんのシェルターで保護され、甄凱さんが弁護士らと連携して詳しく経緯を調べたところによると、帰国寸前の時期に、未払い賃金の支払いを渋った経営者が、それを支払わずに強制帰国させようとしていたことが間違いのない事実だとわかった。

さらに、甄凱さんは「空港で暴力を振るっていたかどうかも、監視カメラを調べればわかるはずだ」として、経営者と交渉を続けている。楊さんは、せめて支払われていない五月分の給与は払ってもらいたいと、甄凱さんの交渉が終わるまで、シェルターに身を寄せることにしている。

出国前に飛行機に乗らずに抵抗して、シェルターで保護される楊さんのような実習生は、実はほんの一握りだ。多くはそのまま強制帰国させられ、泣き寝入りしている、と甄凱さんは言う。

「こんなことを続けていると、日本に働きに来る実習生がどんどん減っていきますよ。日本の労働力を集めるのが難しくなる。日本の労働力が足りないから、海外から手を借りて、これからも活用したいということがあると思うのですが、技能実習制度を使って、低賃金の労働を強《し》いたり、人権を無視したやり方を続けていくと、日本は不利になっていく。こうしたことを取り締まれないのは、行政の大きな問題だと思います」

縫製工場だけではなく、ほかの事業所でも実習生がたとえ正論であっても、経営者に反抗して「賃金の支払い要求」「パワハラの訴え」などを行った場合、強制帰国させられてしまうケースは相次いでいる。

これは、「失踪した実習生などが発見された際、強制帰国させるのは実習先企業の責任で行う」という制度の趣旨を逆手にとったものだ。もちろん、実習生の失踪を防止する一定の効果はあることも間違いないが、経営者が都合よく、自らの不作為——賃金の未払いなど——を隠蔽《いんぺい》することに使われていることにも目を向ける必要があるのではなかろうか。

シェルターに避難相次ぐ実習生

当時、シェルターには、こうして現場から這々の体で逃げてきた実習生たちが、ひっそりと暮らしていた。居場所が知られてしまうと、連れ戻されたり、中国に強制帰国させられたりする可能性もあるため、皆、居場所を知られないように暮らしていた。

シェルターに滞在中、甄凱さんが弁護士と連携して、経営者に未払い賃金の支払いを求めるといった交渉をしていた。全額支払いが認められるケースはほとんどないが、経営者側も訴訟になるのは面倒だと思うのか、半分近くを支払うことで示談に応じるケースがほとんどだった。

実習生たちは、賃金の一部でも支払ってもらえれば「一刻も早く帰りたい」のが本音で、支払いが済むと帰国していった。そして、数日も経たないうちに新しく逃げてきた実習生がその部屋を埋める、という繰り返しだった。

甄凱さんが労働組合で外国人技能実習生の相談に応じ始めてから、ここ数年、毎年二〇〇件を超える相談が寄せられている。シェルターを立ち上げた二〇一五年には、取材当時、一～九月までの九か月で一〇〇件ほどだった。相談の内容について、分類したファイルを見せてもらうと、「賃金未払い」が圧倒的な割合を占める。甄凱さんは、長時間の重労働を強いておいて、賃金を払わないというのは「奴隷」と同じだと語気を強めた。

「それでも実習生には、転職の自由がない。労働者ではなく、実習だから自由な転職が許されないんです。人間、誰しも職場を選ぶ権利、転職する権利があるべきではないですか」

逃げてきた女性

シェルターの一階にある労働組合の事務所で甄凱さんのインタビューを撮影していた時、予期せぬ出来事に遭遇した。突然、甄凱さんの携帯電話に連絡が入ったのだ。携帯には「未知」という表示が出ていた。非通知の着信だ。

「初めての人だ。しかも公衆電話からだよ」

そうつぶやきながら、甄凱さんは携帯電話をとった。こうした場合、緊急度の高いSO

Sを発する電話だと経験則でわかっているようだった。数分間、うなずきながら話していた甄凱さんは、電話が終わると立ち上がった。

「すぐに保護しに向かわないといけなくなりました」

夕方四時過ぎ、私たちは、事務所を慌ただしく出発した。甄凱さんの車に同乗させてもらって、現場に向かうことになった。車を発進させてから、わずか数分も経たないうちに、甄凱さんの携帯電話が再び鳴った。

「さっきの女性ですよ、たぶん」

そう言いながら、甄凱さんは、ハンズフリーに切り替えて、電話に応じた。

「もしもし、今、そちらに向かってますよ。あと、一八キロです」

女性からの電話に「安心して待っていてください」と繰り返してから、ようやく切ると、私たちに説明した。

「心配しているんですよ。実習先から逃げてきたから。不安なんですよ」

二時間ぐらいかけて目的地周辺に到着。しかし、それらしい人物の姿は見えなかった。どこにいるんだろうか、と探しているとまた電話が鳴った。

「どこにいますか？　わたしは、コンビニのあたりまで来ましたよ。姿を見せてください」

甄凱さんが呼びかけると、「わかった」と応じて電話が切れた。実習先の企業につかまることを恐れて、どこか近くに身を隠しているようだった。しばらくすると、暗がりから恐る恐る女性が姿を現した。四〇代前半の中国人女性、張光梅《チョウコウバイ》さんだった。

「大丈夫ですよ、車の中で話しましょう」

甄凱さんは、優しく声をかけた。私たちは「実習制度の実態を取材しているから同席させてほしい」と同時に依頼した。張さんは「真実を知ってほしいから」という理由で同席を許してくれた。そして車の中で、甄凱さんと張さんの最初のやりとりから、撮影が許されることとなった。

実習生を縛る保証金

張さんは二〇一二年一二月二六日に来日し、服を作る仕事をしていた。縫製工場は、実習生に働いてもらっている事業所が多い。ミシンを使って服を縫うという単調な作業で、そのうえ賃金が安く、日本の女性は縫製の仕事を敬遠している。そのため、岐阜の縫製工場にはアジア各地から集められた女性の実習生が数多くいる。張さんはその一人で、中国にいる家族に仕送りをするために実習生として来日した。故郷の夫と義母に一三歳の娘を預けて、思い切って日本に働きに来たのは、娘の将来のために少しでもお金を稼いで、大学などへ進学する費用にしたいと思ったからだ。

甄凱さんは、車の中で張さんを助手席に座らせ、話を聞くことにした。甄凱さんは、常に対象を保護した時点で、細かく状況を把握するためにメモをとりながら調査票を作成することにしている。その日も、さっそく調査が始まった。

「張さんは日本にいつ来たの」

「三年目です」

「仕事は？」

「縫製、服を作る仕事です」

「日本に来るために、どれぐらい借金したの」

「三万六〇〇〇元（約六〇万円）払いました」

「それ以外に保証金はありましたか」

「保証金は、二〇万元（約三三〇万円）でした。途中で帰国したら借金になると言われました」

保証金とは、日本で働いている間、期限まで逃げ出さずに勤務することを約束するための契約金だ。日本に来てから「こんなに安価で辛い仕事だと思わなかった」と現実を知った実習生たちが逃げ出さないために、あらかじめ、書類にサインをさせておくものだ。つまり、途中で逃げた張さんが納めた保証金は、戻ってこないことになる。この保証金が実習生たちを辛く苦しい実習先に縛りつけていることは間違いない、と張さんは話してくれた。

週末の残業を断れない

甄凱さんの最初の調査は、働き方や給与にまで及んだ。

「朝は何時から仕事ですか」

「朝九時から一二時、午後は一時から六時までです」

「休憩時間は？　残業はありますか？」

「昼ご飯の時間だけです。残業は夕方六時半から夜一〇時まで」

「残業は毎日ですか？　残業代は出ますか？」

「残業は月曜日から金曜日までで、一時間三〇〇円です」

「土曜日と日曜日は休めるのですね？」

「土日は、出来高制です」

「出来高制？」

「サンプル用の服を作るんですが、一点完成したら、いくら払うっていうふうになっていて、一日をかけて一点も完成できない複雑な洋服だと、お金はないです」

「週末の仕事は断ることはできますか？」

「断ると、平日の残業もさせてくれません」

事情を聞けば聞くほど、ひどい状態だった。

「その会社には、今、中国人は何人働いていますか？」

「一緒に来日した実習生は、今は私一人しか残っていません。だから、とてもしんどいです。ほかの人は耐えられなくて帰国しました。あと、今年来たばかりの新人が三人います。今は、私を入れて四人です」

張さんは精神的にも、追い詰められていると話してくれた。

「助けてください」

張さんは、甄凱さんに訴えた。甄凱さんは、労働条件を示した契約書がないこと、寮や職場を撮影した写真などの証拠がないことを理由に厳しい交渉になると張さんに告げた。それでも張さんは、少しでも賃金を取り返したいと繰り返し、甄凱さんに訴えていた。

「どんな気持ちで働いていましたか？」

甄凱さんのこの質問に、張さんはため息をついた。

「三年間、日本にいて。本当に……（ため息）。帰国したら、きっと、ずいぶん歳をとったねって言われるんでしょうね」

疲れた表情を浮かべた張さんは、五〇代といっても通用しそうで、年齢よりもだいぶ老けて見えた。

「家族は『帰ってこい』って言いますけれど、お金も稼いでいないから、帰れません。そのまま帰ると割に合いません。でも、ここで働いていると、いじめられるし、毎日が辛いです」

この質問で甄凱さんの聞き取りは終わった。私たちから張さんへ、一つだけ質問した。

「日本についての印象は？」

「日本はとても進んでいる国だと聞いていましたが、私の住んでいる寮にはテレビもなく、夏は死ぬほど暑くて、冬は死ぬほど寒くて、空調は一切ありません」

憤った口調でまくしたてるように話した後、泣きそうな表情になった。

「苦しいよ、苦しいよ……」

甄凱さんは、その言葉を聞くと、張さんに向かって言葉をかけた。

「大丈夫。きっと助けてあげられると思うから。僕を信用してください」

すべての調査を終えた甄凱さんは、立ち上がる前、思い出したように張さんに尋ねた。

「そうだ、僕のことをどうして知ったのですか？」

「あなたたちに助けられた人が教えてくれたんです」

「どういう方ですか？」

「同じ中国人です。あなたのおかげで、日本国民と同じ待遇を受けることがで感謝していました。その時、連絡先を聞きました。その人はもう帰国しましたよ」

同じ故郷から働きに来ていた実習生の仲間が、甄凱さんに助けられた経験を話してくれたのだという。甄凱さんのところへたどり着いたのは、本当に偶然だったのだ。

「そのご友人を信用しているのでしょう? だったら、僕も信用してください」

張さんはその言葉に黙ってうなずいていた。

「日本に行きたい人がいても止める」

張さんと出会ったこの日から、甄凱さんは実習先の企業などと交渉を重ねた。張さんの記憶をもとに未払い分を計算した賃金の額を提示し、支払いを求めたが、金額で折り合わず、交渉は難航。最終的に、提示額の半額でようやく交渉がまとまった。シェルターで保護してから八か月が経っていた。

「(受け取れる未払い金が)半額になってもいいから、早く子どもに会いたい」

シェルターの部屋の片隅で畳の上にぽつんと座り、一人、張さんは寂しげだった。

携帯電話を手にしていたので、ふとのぞき込むと女の子の写真を見ていた。

「娘、一三歳」

そう言うと、私たちに写真を見せてくれた。おめかしして写真に写っていたのは、ロングヘアーで目がぱっちりしたかわいい女の子だった。

「かわいいですね」

そう言うと、張さんは初めて心から嬉しそうな笑顔を見せてくれた。

「会いたいですか」

「うん、会いたい、寂しいよ」

日本に来てから三年間会っていないという娘の写真、それを眺める張さんの寂しそうな背中に胸を締めつけられる思いだった。どれほどのものを犠牲にして、来日したのだろう。そして、その犠牲が報いられることは何一つなく、三年間が終わろうとしていることをどう思っているのだろうか。

張さんは、日本を去る前、最後に話を聞きたいとお願いをした私たちにこう語った。

「日本にもう一度来る機会があったら、働きに来ますか?」

「もう来たくありません」

「国に帰ってから、日本のことをどう伝えますか」

「もし、周りに『日本に行きたい』と言う人がいれば、私はやめたほうがいいとアドバイスします。行かないほうがいいです」

張さんは、失望を通り越して、絶望を抱えて帰国の途についた。インタビューの最後まで、厳しい表情を崩すことはなかった。

「私は日本で、人として扱われていなかったと思います。作業のための機械としてしか扱ってもらえませんでした。人ではなく、機械、作業機械です」

甄凱さんは、シェルターに逃げ込んできた実習生たちの叫びを聞き続け、こうした訴えを何度も繰り返し受け止めてきている。甄凱さんは、「国境を越えて働く時代にふさわしい社会に、日本が変わってほしい」と最後のインタビューで熱弁を振るっていた。

「人間は、自分が生きるために、自分ができる範囲で幸せになりたい。労働者が働いて、生活を安定させたいのも、同じです。そのために、国境を越えて、どこで働くのが自分の能力の範囲で一番幸せになれるのか、一番給料が高いところに行きたいと思うのは当たり前です。そうやって、国境を越えて日本に働きに来ているのが実習生なんです。だから、一つは日本の魅力を作ること、そしてもう一つは、日本にとって必要な人材であることを前提に在留資格などの制度を変えていく、ということではないかと思います」

人手不足を補うために、欠かせない外国人の労働力。その人たちが日本に働きに来ることをやめてしまったら、人手不足はさらに深刻化することは間違いない。だとすれば、私たちはどうすればいいのか――張さんが残した言葉に、問題の本質があるのではないだろうか。

3 国際社会からの糾弾

不正行為が頻発する背景

こうした現状は、誰からも気づかれずに放置されてきたわけではない。今から五年前の二〇一二年、国際機関から是正勧告を受けていたのだ。

この年、日本の技能実習制度が「外国人労働者を適正に処遇していない」として、国連機関や国際労働機関（ＩＬＯ）などから厳しく非難される事態を招いたのだ。徳島県の実習生、一四人の女性たちが未払い賃金や慰謝料を求めて、提訴したのがきっかけだ。

当時、日本国内の実習先で「不正行為」が頻発していた。不正行為とは、多くが労働関係法令違反、つまり労働時間の長さや残業代・賃金の未払い、労働安全衛生法違反などである（厚生労働省　二〇一三年一〇月「外国人技能実習制度の見直しについて」による）。

不正行為が行われた一八八機関のうち、繊維・被服関係が七一、農業・漁業関係が七五あった。徳島県で提訴した女性たちも、繊維・被服関係で働いていた。提訴した一四人の実習生の立場はさまざまで、独身者、既婚者、なかには、故郷の中国に子どもを置いて来日したものもいた。彼女たちは、日本に到着後すぐに、実習生（当時は来日一年目は「研修生」）として徳島県内の縫製工場で働くことになった。しかし、過労死ラインを超えて働かされたにもかかわらず十分な賃金が支払われないという、ひどい人権侵害を受けた。

実習生が抱える問題の背景に、受け入れ窓口の問題がある。国などの公的な機関ではなく、民間の派遣会社が仲介に入り、国によっては、高額な手数料をとって実習生本人と受け入れ先とをつなぐなど、日本から取り締まりきれない問題が多々ある。

彼女らが日本に来る前に見た派遣会社の広告には「週六日勤務、基本給が保証される。残業は午後五時以降で、残業代は研修生の間は一時間三〇〇円、実習生になったら一時間四二〇円」などとあった。女性たちは派遣会社に手数料約四〇万円、一五万円の保証金を支払い、さらに来日当初九か月分の給与から毎月四万円を支払うことになっていた（二〇一六年七月に全労連が行った会見による）。

二〇一四年一二月に徳島地裁は、縫製工場の経営者に対して、一四人全員に未払い分二五〇〇万円を支払うよう判決を下した。この裁判の鍵を握ったのが、一四人の実習生の一人、徐涛《シータオ》という二〇代の中国人女性のつづった日記だった。

「徐涛日記」の波紋

この「徐涛日記」には、二〇〇八年七月に来日してから、二年半あまりの日々の出来事がつづられている。「徐涛日記」は上海財経大学の学生だった米麗英《ベイレイエイ》さんにより日本語訳された。

「徐涛（シータオ）日記」。手のひらほどしかない小さなメモ帳に、びっしりと日記が書き込まれている

記述によると、一日一五時間労働、休憩は午前一〇分、午後一〇分の二回。初月給は五万円、休みは月一回程度。残業代や深夜手当がほとんど支払われておらず、「罰金」や「健康診断手数料」と称して給料からの天引きも恒常的に行われ、パスポートも取り上げられていた。過酷な労働と劣悪な住環境、パワハラの中で次第に肉体と精神が追い詰められていく様子がつづられている。一部要約してお伝えする。

その初日の記述——。

二〇〇八年七月四日

今日は瀋陽《しんよう》の桃仙《とうせん》空港から飛行機

で、一一時一〇分に大阪の空港に着きました。私たちは、空港で社長とその姉に会い、そこからバスで会社に向かいました。寮で荷物を置いて、会社へ着いたのは一六時。すぐに一日目の仕事を始めました。二〇時過ぎに仕事が終わって、寮に行きました。想像したのとは差が大きすぎました。部屋は暑くてたまりません。蒸し風呂のようです。台所は動物園のようで、ゴキブリや虫だらけです。恐ろしいものです。（後略）

そして、来日から一週間後、実習生たちは耳を疑うようなことを会議の席上で聞かされる。なお、日付の後に記されているのはその日の勤務時間である。労働時間の長さにも注目して欲しい。

二〇〇八年七月一二日　六：〇〇－二一：〇〇

この会社に入って、毎日のように会議があります。会議の内容は「日本の仕事は厳しい。最初の三か月は残業手当が付かない。あなたたちが働いた分は基本給さえ満たさない。その差額は社長が負担している」などです。

そして来日からちょうど二週間——。

二〇〇八年七月一七日　六：〇〇－二一：〇〇
肉体的にも、精神的にも疲れ果てています。（斡旋会社に）たくさんのお金を支払って日本に来たのですから、最後まで頑張らなければならないと思ってます。でも、辛くて涙を我慢できません。

二〇〇八年七月一八日　六：〇〇－二一：〇〇
辛い毎日です。希望がなくなりました。

日記には、寮の環境の悪さ、仕事の過酷さ、そして経営者の言動で傷ついたことなどが詳細につづられている。読み進めるうち、これでよく三年も我慢できたものだ、と驚かされる。
来日して一か月も経たないうちに、朝六時から夜九時まで、休日はとらず働くように、会社から指示されるようになった。そうして一か月が経って、初めての給料日に、徐涛はもはや生きる気力さえ失いつつあった。

二〇〇八年八月三日　六：〇〇－一七：〇〇
今日は日曜日です。休みの日は朝八時からの仕事かと思ったら、いつも通り朝六時からでした。ストレスがたまります。今日は、給料をもらいました。初めてのことですが、給料袋に入っていた五万円を見て、涙が出ました。朝から晩まで、奴隷のように働かされているのに、どうして、どうして。私は、どうしてこの道を選んでしまったのか。明日、働く気持ちになれるでしょうか。

二日後、徐涛は、日記の中で「死」への恐れをつづるようになった。

二〇〇八年八月五日　六：〇〇－二二：三〇
今日も、しかられました。神様、どうして私のように、おとなしい人間を助けてくれないのですか。どうして踏みにじるのですか。私は全然反抗できない。この状態が続くと、日本で死んでしまうかもしれません。

二〇〇八年八月六日　六：〇〇－二三：〇〇
体がだるく、目が開けられないぐらい疲れ果てています。お腹も空いています。歩けないほど衰弱しています。社長は勤務時間をとても長くしています。過労で私たちは死んでしまうかもしれません。
社長は毎日「速く仕事をしろ、速く商品を出せ、これはだめ、直せ、中国に帰れ」と言います。ただの恐喝かもしれないけど、やはり恐怖を感じます。

それ以降も、徐涛は、朝食もとらずに朝六時から夜二一時過ぎまで働く日々から逃れられず、疲労がたまっていった様子をつづっていた。そんなある日、連続三〇時間の勤務を命じられた。

二〇〇八年八月一一日　六：〇〇－八月一二日　一四：〇〇

今日は千枚ぐらいの注文がきました。出荷を急いでいるため、朝六時から、正午、午後、夕方、夜、明け方、朝、正午と、ぶっ通しで三〇時間以上、働きました。ここは地獄です。脱出したいです。生きるのは辛い。でも無能な自分はこの運命に従うしかないのです。

来日から二か月も経たないうちに、日記には「限界だ」「地獄だ」と現状に耐えかねる記述が相次ぐようになる。

二〇〇八年八月一七日　八：〇〇－二二：〇〇

毎日、息もさせてもらえないほど、仕事と生活にあくせくしています。毎日、嘆いています。注文が来たら、出荷日が知らされます。日本で働くと質と速度が要求されるのはわかりますが、度があるでしょう。いくら丈夫な糸でも、引っ張りすぎたら切れてしまいます。私たちは糸みたい。肉体的にも、精神的にも、もう限界。

そして、実習生の彼女たちが怯えていたのが、中国に戻されてしまうことだった。社長はそれを知りながら、巧妙に揺さぶりをかけ、従順に従うようにしていたことも日記から浮かび上がってきた。

二〇〇八年八月二一日　六：〇〇－二一：〇〇

いらいらする、忙しい、不安、これは毎日の心境です。（中略）
社長がよく中国の派遣会社に電話をして私の悪口を言います。いや、今回来た九人の悪口を言います（〇〇さんが帰ったので、八人になります）。人が悪い、とか仕事ができない、何もできない、と中国の派遣会社に言っています。私たち全員を中国に帰らせる気なのか、本当に恐ろしいことです。帰らされるのは、面子《メンツ》がなくなるから、帰らされたくありません。

二〇〇八年八月二三日　六：〇〇－二〇：一〇

今日、私たち研修生は給料日ではないのに、七月四日に来たので二か月分の給料をもらいました。社長のメモ帳にサインをしましたが、給料袋にいくら入っているのか、書いてませんでした。私は六万円しかもらえませんでした。一階の研修生は六万円で、二階の研修生は八万円もらったようです。でも、同じく働いているのに、どうして差をつけられるのか、聞けません。この会社に、公平、道理はありません。反抗したら、強制送還させられてしまいます。そうなると面子だけでなく、払った保証金なども戻ってきません。

来日から三か月目、日記の中には、自分を卑下する記述が目立つようになる。「家畜」「人間ではない」といった表現から、反発する気力も失っていく様子が読み取れる。

二〇〇八年九月二日　六：〇〇－二三：三〇

今日は、深夜まで残業させられました。明日六：〇〇から仕事をしなければなりません。私たちは仕事をするだけの家畜だとでも言うのだろうか。周りの友達から日本の会社は良いと聞いたのに、どうして全然違うのか。

二〇〇八年九月四日　六：〇〇－二一：〇〇
毎日社長に叱られる。今日の出荷は少し遅れたようで、社長はまた怒りました。（中略）私たちは毎日六、七時間も残業しているのに、社長は全然同情してくれません。私たちは人間ではないとでもいうのですか？　疲れているのがわかりませんか？　でも、不満があっても言えません。社長に運命が握られているからです。生きるのは辛いです。

さらに日記には、裁判で真偽が争われた点ではないため事実を確かめようはないが、実習生が本国に残してきた家族にまで、経営者が影響を及ぼしていたことについての記述もある。これが事実であれば、恐ろしいことだ。

二〇〇八年一〇月一九日　休み

今日は、来日してやっと三回目の休みを迎えることができた。（中略）歩いて四〇分ほどかけて電話をかけにいった。電話で、今日、家族が社長と会っていたことを知った。中国瀋陽の斡旋会社がセッティングしたらしい。私はこのことを知らなかった。姉と姉の夫が瀋陽で社長に会ったという。電話をした時、姉は帰る途中だった。電話は二分ぐらいの短いものだった。一緒に育った姉が、社長から何を聞いたのか、なぜか私のことを疑った。これは私の人格への侮辱であり、最大の人権侵害だ。腹が立って電話を切ったため、面会の詳細は聞くことができなかった。本当に腹が立って、気が狂うくらい頭にきた。でも、泣くことしかできなかった。（中略）私をこれ以上、いじめないでください、お願いします。生きることが辛い。生きることにとても疲れました。

働いても評価されず、罵倒され続け、家族や味方になりそうな人を遠ざけられ、徐涛は精神的に追い詰められていった。そして、半年が過ぎる頃には、日記の記述の量が減り、働いた時間と内容だけをメモする日が多くなっていった。

二〇〇八年一二月一四日　八：五〇－一七：〇〇
二〇〇八年一二月一五日　七：〇〇－二二：〇〇
二〇〇八年一二月一六日　七：〇〇－二二：〇〇
二〇〇八年一二月一七日　七：〇〇－二二：二五
二〇〇八年一二月一八日　六：四〇－二二：五〇

二〇〇八年一二月一九日　七：一〇－二三：〇〇

今日は給料日です。本当に辛いです。給料の差がますます大きくなっています。研修生の最低は六万円で最高は一〇万円。実習生の最低は七・二万円で最高は一三万円です。

わたしはいつも一番安い給料です。封筒に入っているのは、お金ではなく、屈辱です。朝早くから夜遅くまで働かせているのに六万ってひどいものです。私の心は冷たくなりつつあります。私よりたくさんもらっている人も喜んでいるとは限りません。中国人同士の仲を悪くするためにわざと給料に差をつけたのでしょうね。私の暖かかった心は氷のように冷たくなっていきます。どん底に落ちました。

そして二〇〇九年の年明け、冬の寒い時期に仕事場に暖房がなかったためか、徐涛は肉体的にも追い詰められる。

二〇〇九年一月二四日　八：〇〇－二三：三〇

日曜日です。「明日は休み」と社長が言っていたのに、相変わらず仕事です。給料もくれないし、休みもない。本当に辛い。疲労、苦痛、精神的ストレス、左手が常にしびれていて、文字を書く時も思うとおりにいかない。このままだと、あと一年ぐらいしか生きられない。指がしもやけになりました。一日中、手が冷たい。仕事場は本当に寒い。体が冷たい。部屋中寒い。ズボンを何枚はいても、靴下をはいても、足が凍る。

初めての年度末、労働基準監督署の監督官の見回りだろうか、社長の異様な対応について、日記に記述があった。見回っても、何も気づかなかったのだろうか――。

二〇〇九年三月六日　八：〇〇－二二：五五

今日の雰囲気はどうも変です。社長は重要な書類がなくなったことに気づき、もしかして、あの「先生」と言っていた女性に持って行かれたのではないか、と疑っているようです。告発されるのではないか、と社長は恐れていて、気がいらだっていました。しかし、誰かに相談の電話をかけた後、急に態度が変わり、私たちに満面の笑みを浮かべて、こう言った。

「もし人に聞かれたら、実習生は残業が二時間で、研修生は残業していないと答えて」

（中略）

人を奴隷のようにこき使って、莫大なお金を手に入れているのに。彼女（社長）は狂っています。

日記には、長時間労働を強いている女性社長の言動も細かく描写されている。労基署などに通報されることを恐れ、労働実態をひた隠しにしようとしていたことがうかがえる記述だ。

徐涛が来日してちょうど一年が経つ頃、仲間が現場から脱走した。給与に不満を訴えたら、強制帰国させられそうになったためだ。前述した張さんの例のように、中国人の実習生の多くが、来日する際、借金をしてくる。さらに、途中で帰国すれば「保証金」という形で多額の違約金の支払いを求められることになる。そのため、強制帰国させられそうになると、追い詰められ、脱走してしまうケースが後を絶たないのだ。

二〇〇九年八月二八日　八：〇〇－二二：〇〇

今日、〇〇さんが逃げた。もともと明日、強制送還させられることになっていた。警察にも知らせ、私たちも必死で探した。

逃げ出していく仲間たちが後を絶たないことは、その後も数回、同じような記述が繰り返されていることからもうかがえる。三年目になると、徐涛の日記は、一日に一行、それも書くことさえ辛そうな文字でつづられている。

二〇一〇年六月二七日　八：〇〇－一九：〇〇

辛さってどういうものか、知っている？　我慢できないほど辛い。

二〇一〇年六月二八日　八：〇〇－二四：〇〇

苦しさの延長だ。

いまだ支払われない未払い金

この記述の二か月後、二〇一〇年八月二三日、徐涛と同じ工場で実習していた中国人女性の一人が、疲労の果て、交通事故に遭い、亡くなった。それが徐涛が行動を起こすきっかけとなった。徐涛は仲間一三人に呼びかけて、労働組合に駆け込んだのだ。訴えを聞いた徳島県労働組合総連合（徳島労連）の森口英昭事務局長は、当時の様子をこう話してくれた。

「労連の事務所に、まるで修学旅行の一団のような姿で徐涛さんたちが、訪れてくれた。二〇一〇年八月に駆け込んできて、そこから経営者と闘った半年あまりの間、労連が彼女たちの居場所を用意し、身柄を預かる形だった」

徳島労連の担当者や日本弁護士連合会（日弁連）の外国人技能実習生問題弁護士連絡会のメンバーらは手弁当で裁判を引き受けた。未払い賃金が一四人分で四六〇〇万円近くに達するとした徳島労連は、二〇一〇年八月の当初から、弁護士らを通じて会社側と交渉を進め、解決策を模索した。

しかし、給与の未払い分について、会社側は「払えない」と回答。そのため、交渉を始めて二か月あまりが過ぎた一〇月二七日、徐涛を含めた一四人が、会社側の賃金未払いや不正行為の認定を求め、高松入国管理局に告発すると同時に、未払い賃金、慰謝料など計一億三一〇〇万円の損害賠償を求める裁判に発展した。

裁判は、四年あまりかけて審議が行われ、二〇一四年一一月二六日、徳島地裁がようやく判決を言い渡した。裁判長は、縫製会社や経営者の損害賠償責任を認め、一四人に賃金の未払い分計二五〇〇万円を払うように命じたのだ。

裁判で争点になったのが、実習生・研修生の労働時間だった。判決では、徐涛が日記に記録として残した勤務時間のメモについて、監視カメラの映像などで裏付けられ、信憑性が高いとし、会社側の賃金台帳にある残業時間は信用できないとした。一方で、会社側の退社の指示に従わずに残業していた可能性もあるとして、原告側が主張する休日・深夜労働時間の六割を認定したのだ。

しかし、未払い賃金の支払いを命じる判決が下されても、それで問題解決に至ったわけではなかった。会社側は、家や工場などの不動産は抵当権がかかっていて、第一債権者が優先され、未払い賃金の回収は難しい、と主張したためだ。実際、支払いが命じられた二五〇〇万円のうち、現在まで、ごく一部しか支払われていない。

日記が国連を動かした

しかし、徐涛の日記は、日本語訳されただけでなく、その後、英訳され、二〇一二年に国連人権理事会に提出された。そのことが、国連の専門機関を動かし、訪日調査の実施を決めるきっかけとなった。

翌二〇一三年六月、米国国務省人身取引報告書において、「日本政府は技能実習制度における強制労働の存在を正式に認知しておらず、本制度の悪用から実習生を保護するための効果的な管理・措置が不足している」と指摘された。

また、国際労働機関（ＩＬＯ）の強制労働に関する条約（ＩＬＯ第二九号条約）の専門家委員会は、日本政府に対して、外国人技能実習生の保護を強化することを目的とした法令および対策を行い、情報提供するよう要請した。

このように、二〇一二年以降、国連がさまざまな報告書を通じて、「日本の技能実習制度を廃止し、外国人労働者を適正に処遇する雇用制度に見直していくように」と提言することにもつながった。そして、そのことが日本のマスコミが実習生の現状をさまざまな形で報道することにもつながっていったのだ。

徐涛の日記に、心に刻まれた記述がある。

「私は日本で一生忘れられない傷をつけられた。正直に言うと、もう我慢できない。生きるより死んだほうがいい。それでも仲間は『ここにいると、酷い目に遭うだけだけれど、元金さえ稼がずに帰ると、両親や親戚や友達にあわせる顔がない』と言って、我慢すると言う。それは皆が思っていることだ。それでも心に傷は残る。永遠に治らない傷が残るだろう」

二〇一三年、厚生労働省は、実習生に対する重大な人権侵害行為については不正行為として認定し、受入れ停止期間を三年間から五年間に延長したり、実習生から保証金や違約金を徴収したりすることを禁じるなど、制度改正に取り組んだ。

しかし、徐涛がその日記を公表し、社会を変えようと闘ってから五年あまり経つ今も、外国人労働者が駆け込むシェルターには、過酷な労働実態を訴える実習生たちが逃げ込んでくる。その状況を変えるには、制度そのものを抜本的に見直すしか、方策はないのではないだろうか。

続く第二章では、このように矛盾だらけにも見える技能実習制度がどのような経緯でつくられたのか、なぜ存続しているのか、歴史的背景とともに解説する。日本のみならず、アジア全体が置かれている「労働人口不足」という大きな問題が見えてくるだろう。

同時に、実習制度があるからこそ、深刻な人手不足を乗り越えて成功したケースも確かに存在している。多角的な観点から本制度について考えてみたい。

第二章　外国人受け入れの建前と矛盾

——それでも日本で働きたい？

1　技能実習制度の矛盾

〝外国人労働者〟四つの類型

日本で働く外国人の数が、初めて一〇〇万人を超え一〇八万に達した（二〇一六年一〇月時点）ことを国が公表したのは、二〇一七年一月のことだ。**図2-1**より、その数は、二〇一五年の九〇・八万人より一七万人増え、過去最高を更新している。外国人労働者とひと言でいっても、日本に滞在するビザ（在留資格）により、**図2-2**のとおり、大きく四類型に分けられる。ここであらためて詳しく解説したい。

全体の三八・一パーセントともっとも大きな割合を占めるのが、日系人や、日本人の配偶者がいるなどの理由で定住する許可を得ている外国人で、その数は四一万人に上る。彼らは労働に制限はない。

続いて多いのが留学生だ。留学生を「労働者」とカウントすること自体、どうかと思うが、就労目的で来日する留学生、いわゆる「出稼ぎ留学生」は増え続け、前年比二五パー

図2-1　外国人労働者数の推移

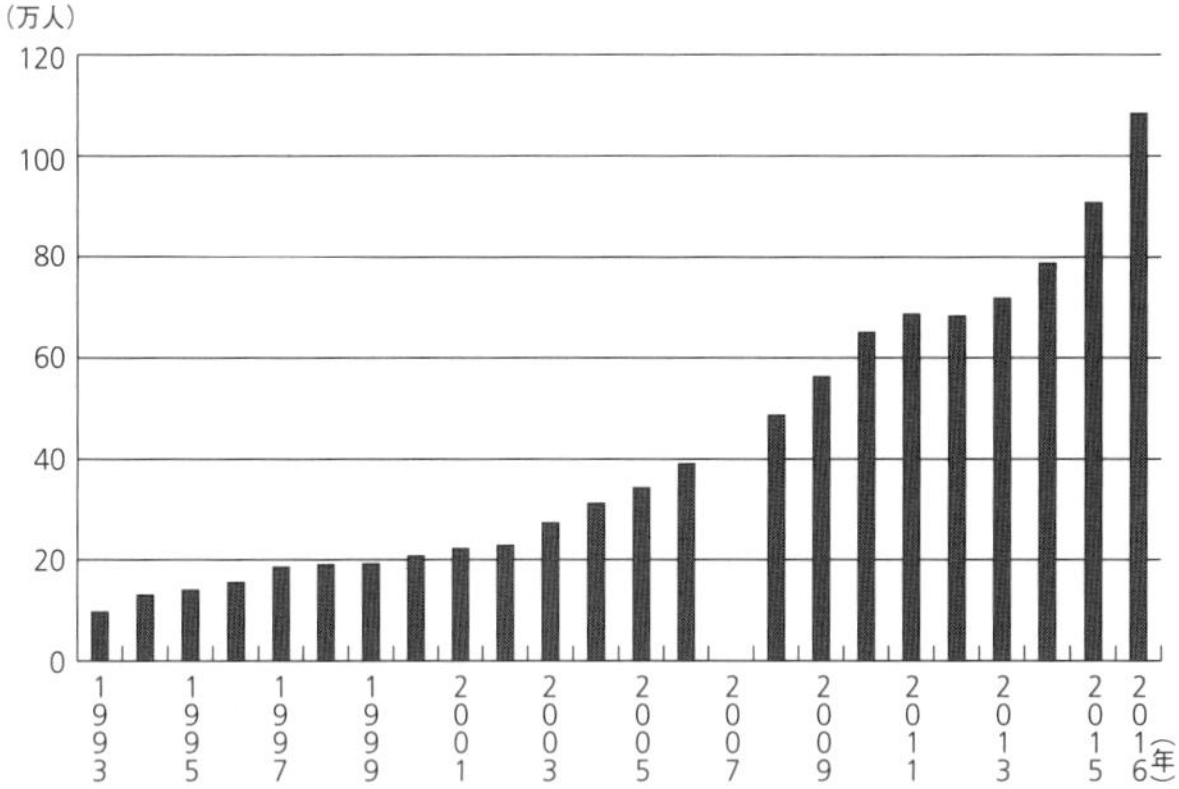

2007年は「外国人雇用状況の届出」がすべての事業主に義務化され、制度の移行期にあたるため、公式な統計は発表されなかった。
出典：厚生労働省　2006年までは「外国人雇用状況報告」、2008年以降は「外国人雇用状況の届出状況」

図2-2　外国人労働者の類型

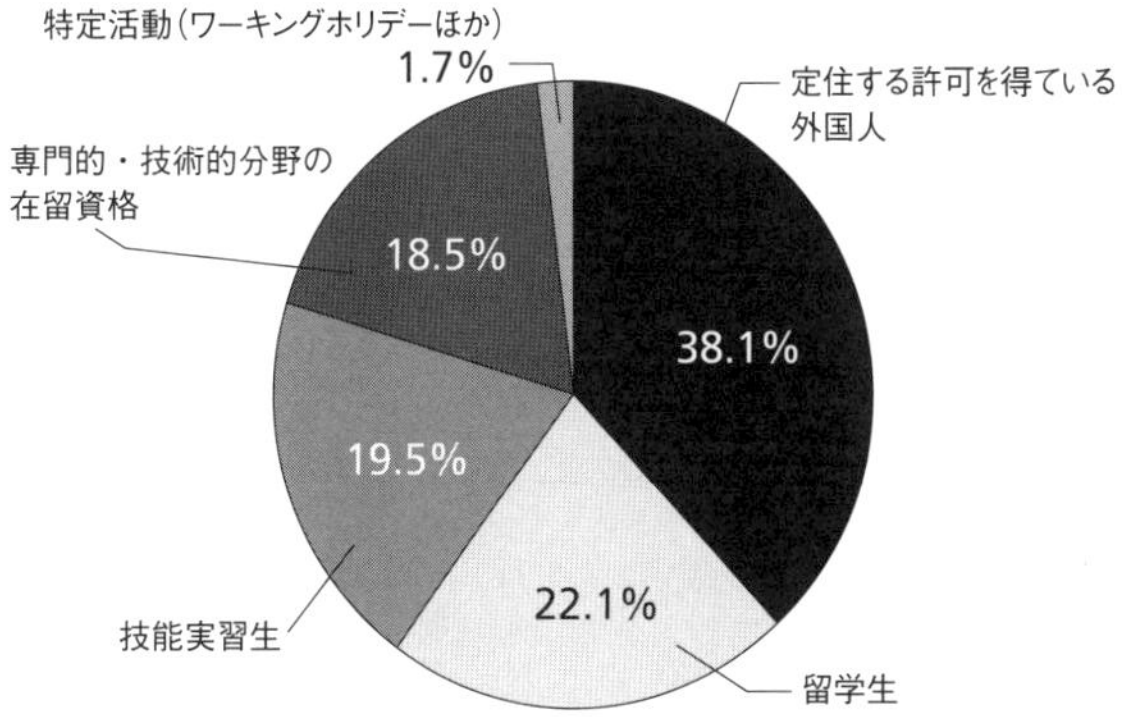

出典：厚生労働省　外国人雇用状況の届出状況まとめ（平成28年10月末現在）

セントと伸び幅はもっとも大きい。労働者全体に占める割合は二一・一パーセントだが、卒業生が日本で就職するための支援などに国が乗り出したこともあり、今後もさらに数を増やしていくとみられている。留学生は一週間に就労できるのが二八時間以内とされているが、不法に上限を超えて働くケースも増えている。

留学生と同規模で大きな割合を占めるのが、技能実習生だ。就労時間に制限がある留学生と比べ、実習生はフルタイムで働くことができ、残業も認められているため、製造業の分野で数を伸ばし続けている。全体に占める割合は一九・五パーセント、二一万人に上っている。

今後、介護分野の人材不足解消のために、実習生を介護事業所に派遣するための検討が始まっている。また、第三章で詳述するが、東京オリンピック・パラリンピックなどで人材不足の深刻化が予想されるため、特定の分野で実習期間を三年から五年に延ばすことなども決まっている。実習生の数は、今後もさらに増えていくとみられている。

四類型の最後の一八・五パーセントは、専門的・技術的分野で在留許可を持って働く人たち、という類型だ。この類型に当てはまる人たちは、四類型の中では唯一、「労働者」

の資格を法的に認められ、日本で働いている人たちということになる。その資格は多岐にわたり、たとえば「医療」では医師や看護師、「教授」では大学教授など、いわゆる「高度人材」と呼ばれる人々だ。

しかし、この四つめの在留許可について、認定基準には首をひねらざるを得ない面もある。たとえばインド料理、ベトナム料理など、外国料理の料理人（コック）が日本のレストランで本場の味を振る舞うために働くことは、この「専門的な技術」にあたるとして、在留許可を認められている。それについては納得できる。さらに、興行ビザという種類のビザは、キャバレーなどで働くダンサーがこれにあたるが、専門的資格として在留許可を認められている。これも、日本で働く外国人女性たちを処遇するという面においては、納得できないことはない。

こうした資格で来日し、働く人がいる一方、製造業・農業・建設業などの分野は資格として認められず、こうした人たちは技能実習制度で実習生として来日している。しかし、当の実習生たちの本音は、「日本で稼げるだけ稼ぎたい」ということなので、三年、あるいは五年と期限を区切られても、自分が稼ぎたい金額に収入が届くまでは、失踪してでも日本にとどまりたい、と思うのだろう。製造業や農業分野でも「労働者」としての在留許可を認定するなど、抜本的な改革が必要なのではないか。

技能実習制度成立の経緯

今では、日本人が集まらず、就労資格としても認められない業種（農業や製造業などの単純労働など）の「抜け穴」として機能するようになった技能実習制度。しかし、一九九三年に成立した当初は、アジア各国から日本の先端技術を学ぶための制度として、始まった。法律が掲げた理念としては崇高なものだった。

当初は、造船業など日本独自の先端技術を実習生が学ぶことで、自国へ戻った後、その技術を足がかりに産業の発展に貢献するなどの実績をあげていた。ベトナムやネパールなど、実習生たちが帰国後、工場を設立したり店を開業したりする際、日本語の看板（ローマ字の看板）を作って、技術を学んだことに感謝の気持ちを表すような場面も散見されたという。当初はその理念どおり、アジアなどの開発途上国の経済発展のために、日本の技術・技能・知識を「移転」するための制度だったのだ。

しかし、学ぶべき技術が高度化し、技能実習という仕組みが現実にそぐわなくなってきたこともあり、実習生は次第に「労働力」に置き換えられるようになっていった。

技能実習とは？

外国人技能実習生を受け入れる方式には、**図2－3**のとおり二つのタイプがある。一つは、実習を行う企業が、海外（送出し国）の企業や支店から直接職員を受け入れる「企業単独型」で、実習生の人数を多く確保したい大企業などは、直接受け入れを進めている。もう一つが「団体監理型」といって、実習先が農家や縫製工場といった規模の小さな事業所の場合だ。現地の仲介業者（送出し機関）を通じて、地域や業種など組合単位で受け入れた実習生を、各事業所に割り振る形式だ。本書で扱うのは後者である。

技能実習制度では、入国直後の講習以外は、労働関係法令が遵守される前提で実習生と実習先の間に雇用契約が結ばれる建前になっているが、実際は文書などで契約などを交わすことがなく、後々に労働条件で訴えようにも材料が見当たらないといったケースも多い。

図2-3　技能実習制度の受入れ機関別のタイプ

【企業単独型】：日本の企業等が海外の現地法人、合弁企業や取引先企業の職員を受け入れて技能実習を行う

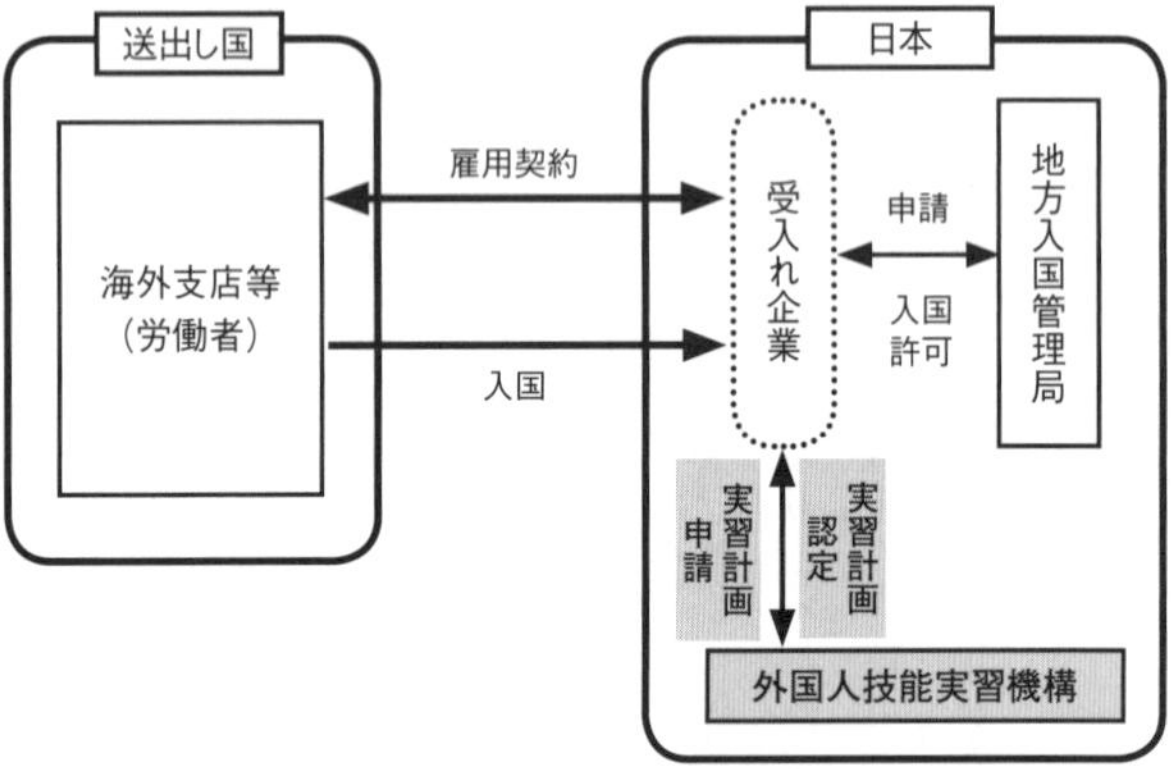

【団体監理型】：非営利の監理団体（事業協同組合、商工会議所、財／社団法人など）が技能実習生を受け入れ、その傘下の企業等で技能実習を行う

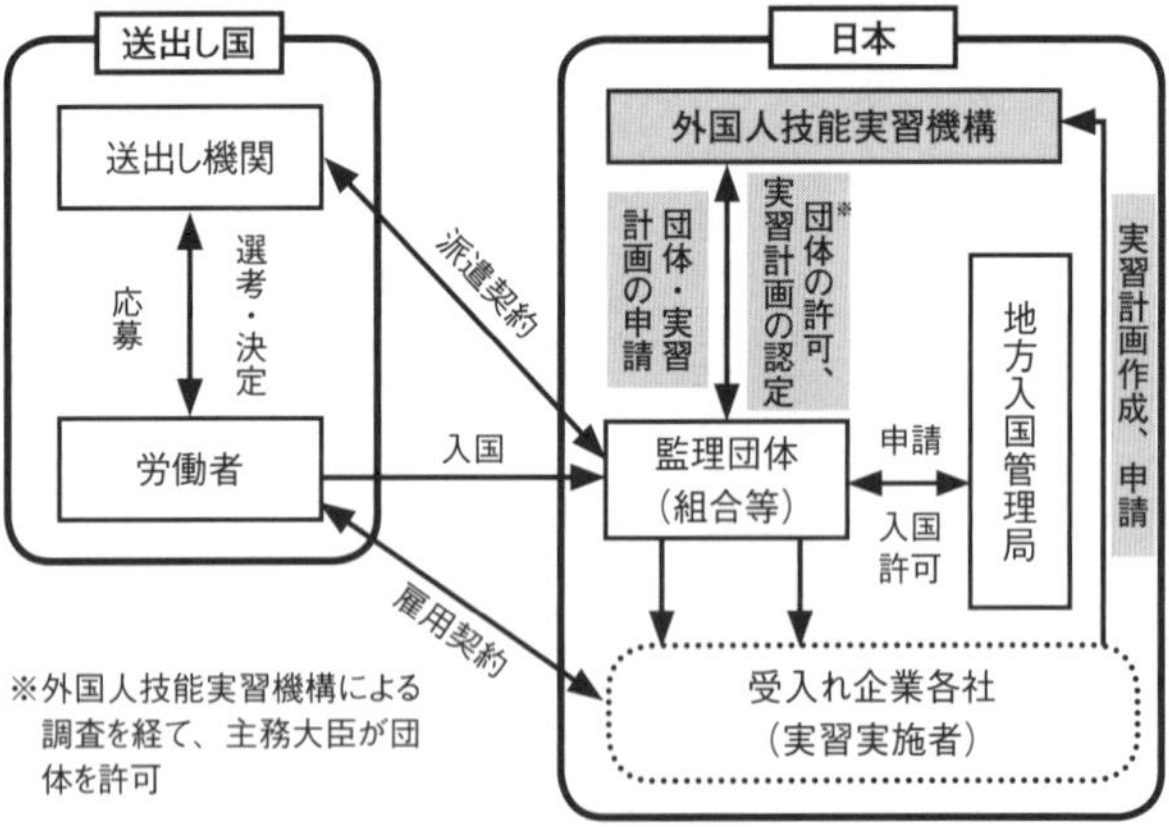

※外国人技能実習機構による調査を経て、主務大臣が団体を許可

2017年11月1日からの新制度実施に伴い、グレーで囲んだ事項が加わる。
出典：公益財団法人国際研修協力機構（JITCO）

図2-4　技能実習新制度の流れ（団体監理型）

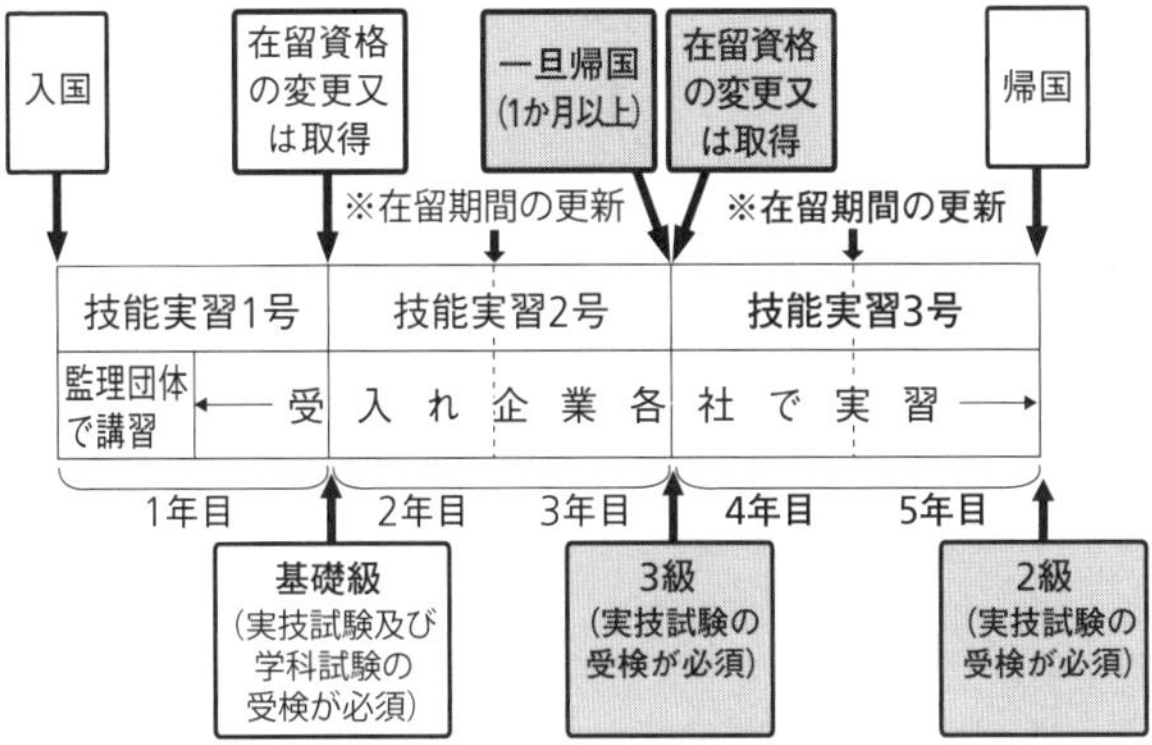

太字、およびグレーの囲み部分は新制度に伴い加わる事項。また、雇用関係は講習期間はなく、実習に入って結ばれる。

入国管理局の許可が下りて来日すると、実際は、すぐに実習先に派遣され、講習などの授業もなく、いきなり仕事を任される場合が多い。仕事といっても単純作業の繰り返しで、名ばかりの「実習」であるケースが目立って増えている。こうした零細事業所の中には、第一章で見てきたように、労働法を守らない実習先も少なくない。

来日後は、滞在期間三年間のうち、一年ごとに技能検定を受けて在留資格を取得し——検定も形式的なものにすぎないが——その後の在留期間が更新され、最長で三年間（業種によって五年間）滞在できる仕組みだ。

二〇一七年一一月一日からは、新制度実施

に伴い、図2-4のとおりに変更される。二〇一七年一月に設立された「外国人技能実習機構」とあわせて、実習制度が適正に行われるための制度づくりは進んでいると言えるかもしれない。

2 変貌する「外国人労働」の現場

八〇年代の「熱気」

日本がバブル経済に向かう一九八〇年代、外国人労働者は、新宿の歌舞伎町に集っているようなイメージがあった。そこは、少し謎めいて、それでいて熱気がみなぎっていた。かつて、日本人がアメリカンドリームを求めて、アメリカに渡ったりした時代があったが、同じではないにせよ「野心」「野望」が渦巻いている、そんな熱気だった。

その時代に、野心を抱えて来日した一人が女優のルビー・モレノさんだろう。ルビーさんは、日本で長く働く外国人として、その変化を見続けてきた人物だ。

ルビー・モレノさんにＮＨＫ「クローズアップ現代＋」の取材で会ったのは、二〇一七年一月。五一歳になったと聞いても信じられないぐらい、笑顔もスタイルのよさも、三〇年前の記憶のままだった。

ルビーさんが最初に来日した一九八三年頃、日本で働く外国人の中には、「観光ビザ」でやってきて「不法滞在（オーバーステイ）」する人が増え続けていた。

その頃、専門職種として在留許可が認められるようになったのが「興行ビザ」だ。日本に出稼ぎに来る女性を指す「フィリピーナ」「ジャパゆきさん」などという言葉にも象徴されるように、当時、まだ貧しかったフィリピンから日本に「お金を稼ぎたい」とやって来る人たちは後を絶たなかった。大企業のサラリーマンたちによる東南アジア各地への海外出張が急増し、「日本人はお金を持っている」というイメージがアジア各地で広がったこともあるのかもしれない。ルビーさんが最初に来日したきっかけも、日本のキャバレーで稼ぎたいと思ったからだった。

「興行ビザ」は、滞在期間が三か月。更新は一度しか認められず、半年しか日本にいることができない。そのため、日本で働き続けたいと思えば、いったん帰国し、再度、ビザを申請しなければならなかった。ルビーさんは女優に転身したため、ビザを切り替えることができたが（その後、結婚して永住権も取得）、友人の中には「オーバーステイは当たり前」という風潮もあったという。

取り締まりも今のように厳しいものではなく、不法滞在していても、水商売をしながら、日本でたくましく働き続け、三万円でもフィリピンに送金できれば、一〇人家族の生活費がまかなえるから、とホステスを続けるような女性が少なくなかった。

ルビーさんが女優としてさまざまな映画賞を受賞した作品「月はどっちに出ている」（一九九三年）は、日本の裏社会で生きる外国人たちを描いた作品だ。水商売、麻薬、売春、闇社会――この時代、外国人たちは、そういった目で見られていた。

九〇年代以降の変化

しかし、アジア各国が発展を遂げ、物価水準の差も縮まると、外国人労働者として来日する人たちの「層」が変わり始めた。アジア各国でも首都近郊は、日本で技能実習するよりも格段に割のいい仕事があふれている。こうした仕事に就けない、貧しい農村地帯出身の労働者たちが、自国で割のいい仕事がないため、日本に思い切ってやって来るといったように変わってきているのだ。

ルビーさんは、この間の日本社会の変化を肌で感じてきたと言う。

「昔は、警察が取り締まることもなかったの。取り締まりが厳しいのは、入管だけ。今は、警察もびしびし取り締まるでしょう? 私も駅を歩いているだけで、ビザを見せてくれと言われることがあるよ。永住ビザはいつも持ち歩くようにしています。だからオーバーステイは減ったよね」

かつては、アジア各地から「日本に来たい」と思う人たちが、熱を帯びていた。しかし、今は、日本人の働き手が集まらないところに、外国人をもって来るような――まさに当事者たちが感じているように「埋まらない穴を埋めるモノのように」――そんなやり方で外国人の働き手を処遇するようになっている。

一九八〇年代、外国人労働者のオーバーステイが当たり前だった時代に時計の針を戻すことはあり得ないが、その当時のほうが、労働者たちが日本に夢やあこがれを抱き続けられたのではないかと思えてならない。

日本国内の人手不足を補ってくれる貴重な戦力であるにもかかわらず、安価で代替できる労働力として技能実習制度の抜け穴を利用して実習生を働かせ、「徐涛日記」のように実習生の人権を踏みにじる問題が多発するに至ったのだ。

その後、二〇一六年一一月の「外国人の技能実習の適正な実施及び技能実習生の保護に関する法律」の公布を受けて、一七年一月、「外国人技能実習機構」が設立された。これまでは、仲介業者が入国管理局に申請して入国許可が下りれば、あとは雇用契約を結ぶだけだったが、今後は、機構が実習計画を審査したり、適切に計画が進んでいるか、法令違反が行われていないかなどをチェックしたりすることになった。しかしこれで問題が解決したわけではないことは、シェルターに駆け込んでくる外国人の現実を直視すれば、明らかであろう。

このように、実習制度は途上国への技能の移転という当初の目的からは、遠くかけ離れた利用のされ方となることが多い。低賃金の単純労働力を補うためだ。移民を認めてこなかった日本では、外国人労働者に定住してもらっては、建前上、困ることになる。技能実習制度は、その点も「期限付き」で、都合のいい制度だった。

深刻な人手不足を補いたい産業界の要望と、治安維持、入国管理の必要性との間に折り合いをつける形で考え出された、矛盾含みの制度の濫用だ。本来であれば、就労ビザで外国人労働者として来日することが認められない単純労働力をどういう形で「労働者」として日本に受け入れるのか、議論すべきであろう。なし崩しに、実習制度であらゆる人材不足の穴を埋めるやり方は、根本から改めるべき時期がきている。

仕方なく雇っている

実習生を招いている企業経営者に本音を聞くと、「外国人を雇用したいわけではない。日本人を募集しても集まらないから、仕方なく実習制度を使っている」と答える人がほとんどだ。では、外国人技能実習生を雇用してみて、どうだったのか、と聞いてみると、この問いにも異口同音で「非常に大変だ」と答える。

従業員三〇人前後のある工場では、中国人実習生とベトナム人実習生を受け入れている。実習生を雇用して、大変だったことを教えて欲しいと言うと、企業名を伏せる約束で、教えてくれた。

「いちばん困ったのは、トイレを壊されることですよ」

日本人であれば、当たり前の水洗トイレだが、その使い方がわからない。流してはいけないものを流して、詰まらせたり、トイレットペーパーを持ち帰っては駄目だといくら言っても、持ち帰ってしまったりするため、しばらく頭を悩ませたという。そのうち実習生たちに掃除をさせるようにしたら、きれいに使うようになっていった。

「日本語が全然できないため、仕事を教えられないんですよ」

日本語によるコミュニケーションができない、という苦労談も多かった。そもそも実習生は、来日する半年前ぐらいから、日本語を学んで、準備しなければならないことになっている。しかし、実際は、仲介業者に高額の斡旋料を払い、来日する実習生としての資格を「買う」ため、日本語の授業は「受けたことになっている」にすぎない。そのため、来日後、日本語で作業の段取りなどを教えたくても、教えられず、身振り手振りを駆使し、場合によっては、通訳をお願いしなければならないこともあるという。

「逃げられそうになったこともある。企業にとっては最悪の事態だ」

どれだけ処遇をしっかりとしても、逃げ出す可能性はあるという。取材に応じてくれた工場では、中国人女性が失踪しそうな気配にギリギリで気がついて、それを阻止することができたという。近所に車で迎えに来ていたのは、おそらく不法滞在しながら闇社会で働いている同じ中国人だった。車に乗り込まれたら一巻の終わりだったが、その寸前で捕まえられたのは「運が良かっただけ」だという。そうして仮に失踪してしまうと、翌年から受け入れの条件が厳しくなる。そればかりか、失踪者が捕まった場合、本国への送還費用は、受け入れ企業が拠出しなければならない。それも知っていて「帰国費用は、大丈夫」と高をくくって、故郷に帰りたくなると、わざと捕まる失踪外国人もいる、と憤っていた。

日本の労働力不足は実習生で補えるのか

煩雑な手続きがあっても、言葉や文化の壁があっても、実習生が増え続けているのは、少子化の影響で日本の労働力不足が年々深刻化していることの現れだろう。しかし、今のペースで実習生を増やしていても、製造業やサービス業の人材不足には「焼け石に水」で不足を補いきれていない、と指摘する専門家は少なくない。

日本総合研究所は、二〇二〇年の東京オリンピック・パラリンピックの年には、四一六万人の労働力が不足すると試算。さらに少子化で、今後、数千万人単位で労働力が急減するため、今の生産力を縮小させることが前提だとしても、深刻な労働力不足に陥ることは避けられない。

しかし、移民を受け入れない立場をとっている日本では、この仕組み——実習生や留学生として、期限付きで労働者を確保するしかないこと——で対応せざるを得ないのだ。

だが、実習生という形で経営者が都合よく「期限付き労働者」として雇用する今の仕組みの下では、外国人労働者を長時間、安価に、過酷な労働に従事させる問題点は克服できないのではないだろうか。労働者の権利を守るという観点で言えば、実習生には、実習先を変えることもできないという意味では、職業選択の自由さえ認められていない。そうした働き方を「実習」という言葉で覆い隠していいはずがない。

3　アジア人材争奪戦における日本

世界で起こる人材の争奪戦――国際労働力移動

外国人労働者の実態について、長年、現場でフィールドワークをしながら研究を続けている首都大学東京の丹野清人教授は、「実習制度の見直しを進めなければ、日本は外国人労働者からそっぽを向かれ、誰も働きに来たくない国になってしまう」と警鐘を鳴らしている。

「技能実習制度」がなければ人材を確保できない農業、水産業などの分野では、実習生をうまく活用して事業展開している企業もあるのではないかと問うと、丹野教授はこう答えた。

「厳しい言い方をすれば、実習生の安価な労働力に頼らなければ事業を維持できないというのであれば、その事業を実習生によって延命すべきではない。廃業すべきだと思います。外国人の労働者の処遇を日本人労働者と同じくして、よりレベルの高い人材を呼び込み、定住を前提にしていかなくてはならないのではないかと思うからです」

丹野教授が定住を前提に、よりレベルの高い外国人、つまり「高度外国人材」と呼ばれる専門性の高い外国人の雇用を進めるべき、と主張するのには、理由がある。

今やグローバル化によって、モノ（物流）だけでなく、ヒト（人材確保）も国境を越えて争奪戦になり始めている。これを「国際労働力移動」という。このような時代、より質の高い労働力を確保するという視点で、問題をとらえ直す必要があるというのだ。

実際、私たちも、実習生が働く現場で少なからず「もう日本には来たくない」「知り合いには、日本で働くことは勧めない」など、日本の労働市場に対するネガティブな意見を聞いた。実習制度を続けていくことは、こうした日本へのネガティブな見方を国際労働市場に蔓延《まんえん》させ、質の高い労働力の確保につながりにくくさせる結果を招いてしまうという。

では、どうすればいいのか。丹野教授は、「そもそも日本人が集まらないような仕事を外国人にやってもらう、という考え方、前提から変えるべき」だと主張している。たとえば、今の技能実習制度や留学制度では、仮に結婚していても、家族を日本に連れて来ることは認められていないが、家族がいれば、もちろん家族と共に日本で暮らしながら働いてもらう。簡単に言えば、日本人と同じ条件で働けるように制度や環境を整えていくということが必要なのではないか、という意見だ。

これには、反論もあるだろう。外国人労働者が家族を連れてくることで定住化が進むのではないかと、不安に思う人も多い。しかし、技能実習制度がもたらす「ゆがみ」が治安の悪化を招きかねないほど、水面下で深刻化しつつある今、いずれにしても実習制度を存続させるには、何が必要なのか、立ち止まって考えるべきではないだろうか。

日本に外国人労働者が来なくなる?

国際労働力移動という視点で見ると、外国人労働者の「国際移動」のルートはこの数年で大きく変わってきている。一つには、アジア各国が農業国から工業国へ、急速な発展を遂げてきていることが背景にある。

たとえば、わかりやすい事例でいえば中国だ。中国から日本へ、技能実習や留学などの形で働きに来る若者は高止まりしているが、中国のどこから来るのか、という面で大きく

図2-5　日本で働く国籍別外国人労働者の割合

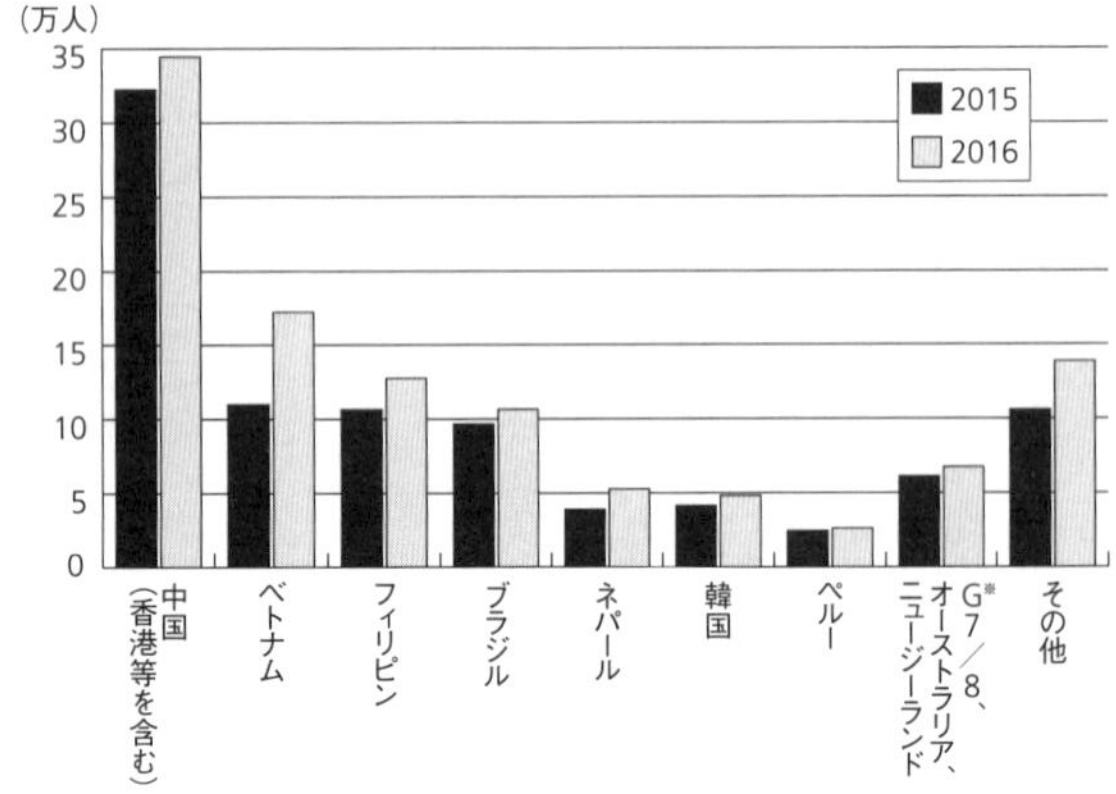

※G7/8…イギリス、アメリカ、ドイツ、フランス、イタリア、カナダ、ロシア

出典：厚生労働省　外国人雇用状況の届出状況まとめ（平成28年10月末現在）

変化している。北京や上海といった沿岸部の大都市では、日本との賃金格差が縮まり、日本に働きに行くメリットがもはやないため、こうした制度を利用して働きに来る人は激減している。

一方、増えているのは、内陸部の貧しい農村から日本へ働きに来る人たちだ。実習生を送り出す機関も内陸へ移り、「上海に出ても学歴がないため仕事が見つからない」といった若者が、日本に働きに来るようになっている。

中国以外に目を移すと、ここ一、二年で来日する数が急激に増えているのが、ベトナム人だ（図2-5）。二〇一五年の約一一万人から二〇一六年の約一七万人へと、前年比五六パーセント増という異常な増え方を示している。さらにネパール人も、三万九〇〇〇人から五万二〇〇〇人へ前年比三五パーセントと、ベトナムに次いで高い伸び率を示している。こうした数字を見ると「まだ日本に働きに来たいという外国人は潜在的に多い」と思ってしまうが、丹野教授は、この数字に安心してはいけないと指摘する。

「今は、働いて収入を得たいと思っている外国人たちは、日本を選んでいますが、そのうち選ばれなくなります。すでに韓国は、日本以上に外国人を処遇して、外国人労働者を増やしていますし、ベトナムやミャンマー、フィリピンなどから工業化を遂げたタイの工場に出稼ぎに行く労働者も増え始めています。そして、怖い存在が中国です。高齢化が進み、若者の人口が減っている中国が、外国人材を本気で呼び込み始めると、日本がこれまでどおり、アジアから労働者を安定的に確保するということが難しくなる恐れがあるのです」

実際、国連が試算した二〇二〇年までの労働人口の不足について世界の状況を見ると、**図2‐6**のとおり、アジア各国は、日本と同様に労働力不足に陥り、外国人労働者の奪い

図2-6　2020年までに不足するといわれるアジアの労働人口

国　　名	不足する労働人口(人)
中国	2,000万
台湾	30万
韓国	30万
タイ	30万

出典：国連『World Population Prospects』

合いが熾烈になる予兆が現れている。

労働力が他国に奪われる

丹野教授が言うとおり、日本とアジア各国で、外国人労働者が置かれた立場や彼らを守る制度を比較すると、日本は大きく後れをとっている。

たとえば、日本は出稼ぎ留学生の多くが、現地の仲介業者に多額の仲介料を支払い、借金をして日本に来ている。そうすると、台湾や韓国と比べて、渡航費が三～五倍にも膨れ上がる。

日本の労働力不足は深刻だ。コンビニでも、居酒屋でも、もはや外国人労働者の存在なしに、今までどおりのサービスなどを維持しようというのは、絵空事だと言わざるを得ない。

実習制度が作られた一九九〇年代と比較して、中国や韓国は急速な経済成長を遂げた。一方の日本は、経済成長していいない。「上から目線」でアジアを利用することは時代錯誤である。だからこそ、外国人労働者が「日本で働きたい」と思えるような環境、制度を恒久的に作っていかなくてはならないのではないだろうか。

動き始めた「戦略特区」に向けた検討

働き方改革実現会議では、外国人労働者を「労働者」として受け入れる場合、どういう具体的な方法があり得るのかについて議論を深め、国家戦略特区などでその方法を試みる案を検討し始めている。その中で議論の焦点となっているのは、たとえば農家など、小規模の経営母体の場合、ある地区で組合などがまとまって実習生を受け入れる形をとりながら、ほかの業種への転職なども場合によっては認められるという「労働者の権利を保障した受け入れ」を国家戦略特区で実践してみるべきか、ということである。

その場合、実習生を送り出す国と日本が二国間協定を結び、その協定が担保した人材を確保しようというものだ。以前は日本と同じような「産業研修制度」で外国人の労働者を確保していた韓国が、今、二国間協定によるやり方に改めている。

実習制度の柔軟な運用と新たな制度による「労働者」としての受け入れ――丹野教授は、この二路線を同時に検討し、零細企業や農家から、大企業まで、幅広い人材に対応できるように整備していくべきだとしている。

「そもそも日本の少子高齢化で言えば、不足しているのは労働力だけではない。若者の数、そのものが急減している。社会の成長、発展を目指す意味でも、『日本で暮らす外国人』が必要なのだ」

今、日本では、移民というタブーを乗り越え、外国人と共に暮らす社会を実現できるのか、あるいは縮小社会を選択するのか、そのあたりから議論すべきなのではないだろうか。

失踪して「不法就労」そして「偽装結婚」

この章の前半で、実習生の実習期間は、原則三年間で区切られているため、「まだ稼ぎたい」と思って期限が来る前に脱走するケースが後を絶たないことを述べた。では、失踪した実習生は、その後、どうなるのか。

そもそも失踪前、実習生たちは、それぞれの出身国の仲間たちと連絡を取り合い、不法滞在できるアパートなどの斡旋を受けている。今、身元保証人なしでも貸してくれる賃貸住宅が増えているが、そうしたところが潜伏先になっているケースが多い。ビザがなくても雇ってもらえるのか、という疑問が浮かぶが、困ることはほとんどないという。

特に首都圏近郊の農家などでは、「不法就労」だと知りながら実習生を雇用している農家は後を絶たない。農業は、一年中、実習生を必要としているわけではなく、収穫期など、ごく限られた繁忙期だけ、人手が欲しいという事情もあり、間に合わせで「不法就労者」を雇用しているのだ。ＮＨＫのニュースでも、首都圏近郊の農家で不法滞在していた失踪実習生が日雇いで働いていたことが発覚するケースを繰り返し伝えている。こうした失踪実習生は、携帯電話などでインターネット上の情報にアクセスし、簡単に仕事を得ていた。

一方、不法就労者だと知りながら雇っていた日本の農家に目を転じると、雇っている側も罪に問われるのではないか、と思いきや、罪に問われるケースは少ない。というのも、不法就労している外国人のほとんどは本物そっくりの偽造ビザを持っているためだ。もちろん、偽造だと知りながら雇っているケースもあるだろう。しかし、「ビザは確認した」と主張すれば、罰金で済むことがほとんどだ。

「身分証がなくても暮らせるアパート」「偽造ビザ」「不法就労だと知りながら雇ってくれるブラックマーケット」、この三つがそろっていれば働けるため、失踪は繰り返されるのだ。

さらに、日本で長く働きたいと願う不法就労者たちは、その「先」も狙っている。まず日本に滞在することを目的とした時、もっとも安心できる身分は「日本人の配偶者を得ること」だ。その配偶者との間に子どもが生まれれば、それに越したことはない。繁華街に繰り出し、日本人女性と仲良くなろうと必死の努力を続ける実習生もいれば、結婚相手を内密に斡旋してくれるブローカーに頼む実習生もいる。そのいずれも「日本で働きたい」という願いが招いた行為だ。不法就労という、明らかに法令違反を犯している彼らを、それでも断罪する気持ちになれないのは、過酷な労働現場で汗を流し、必死に働いている姿を見たからかもしれない。

「偽装難民」が日本に押し寄せる?

しかし、制度のゆがみは、もはや共感の回路をはずれて、暴走し始めている。それが「偽装難民」という問題だ。今、失踪した実習生に、「難民申請すれば、合法的に滞在期間を延長できる」という情報が知れ渡り、決して「難民」とは言えない外国人までが、難民申請を行い、一時的な在留許可を得るという事態が広がっている。

こうした「偽装難民申請」をしている外国人の中には、実習先で賃金も支払われないまま、長時間労働に従事させられた、という人もいる。しかし、そうした人は、本来は別の形で救われるべきだ。彼らが緊急避難としてやむなく「偽装難民申請」をしたことが間違った形で伝わったため、「実習するより、失踪したほうが高い給料の仕事にありつける」、さらには「日本に行って、仕事や給料に納得できなければ、難民申請すればいい」という、本末転倒ともいうべき誤った手段が噂で広まってしまい、申請を増やし続けているのだ。

偽装結婚、そして偽装難民申請といった形で不法滞在する外国人が増え続けていることに対して、前述の丹野教授は、

「期限付きの労働者、という形で無理に外国人に日本で働いてもらっていることが招いた結果ではないでしょうか。労働者の人権、グローバルスタンダードの観点で日本で働く外国人の処遇を制度的に見直していかなければ、『偽装結婚』についても『偽装難民』についても、それが目的ではないのに、手段としてそうしてしまう、という『ゆがみ』は大きくなると考えられます」

と厳しい表情で指摘した。

外国人労働者は、二〇一六年一〇月、調査以来一〇〇万人を初めて超えた。この節目に、「定住して働く外国人」を前提に制度を抜本から見直すことができるのか。それとも、「外国人の定住は認めない」という従来の姿勢を崩さず、労働市場を縮小させていくのか。私たちの社会は、その大きな二択を迫られているのではないだろうか。

4　人手不足を補う実習生

北海道旭川市の建設会社

以上見てきたように、問題が噴出する実習生の現場だが、実習生を大切にしている企業もある。この章の最後に、そうした希望につながる話を紹介したい。

とりわけ人手不足が深刻な地方都市では、外国人の働き手は、欠かせない存在になってきている。北海道旭川市の建設業者、豊岡建設株式会社もその一つだ。従業員二六人で、その半数は東日本大震災の被災地、宮城県閖上《ゆりあげ》の復興工事の現場に派遣している。二〇一四年から外国人技能実習生としてベトナム人の受け入れに踏み切り、以来、毎年三人ずつ実習生を受け入れ、今では九人に働いてもらっている。

社長の早川克史さんは、四七歳（取材を行った二〇一五年当時）。若い世代の流出が続く北海道の中でも、人材が枯渇している旭川で、何とか事業を拡大したいと外国人技能実習生の受け入れに踏み切った。

「ハローワークに求人を出しても、電話一本鳴らない、鳴る気配すらない。地元の有料求人誌にも出しているが、日本人は来ない。一〇〇パーセント来ない」

旭川には、工業高校や実業高校があるが、ほとんどが札幌や東京の大企業にとられて、そもそも旭川に残るのは一割程度にすぎない、と早川社長は説明してくれた。残った若者も、旭川では数少ない大企業にとられていくので、豊岡建設ぐらいの規模の小さな企業には地元から新卒の若者を採用したくても、そもそも彼らからの応募がないのだ。

「たまに中途で採用しても、一年経たないうちに辞めてしまう。仕事が増えているのに、人がいないんだよ」

待遇改善が育む労働意欲

そんな時、たまたまベトナム人の実習生を受け入れた経験のある人と知り合いになる機会が巡ってきた。ベトナム人の実習生を頼みたいと、必死で依頼すると、現地で募集などを仲介してくれる人を紹介された。

「本当に救われた」

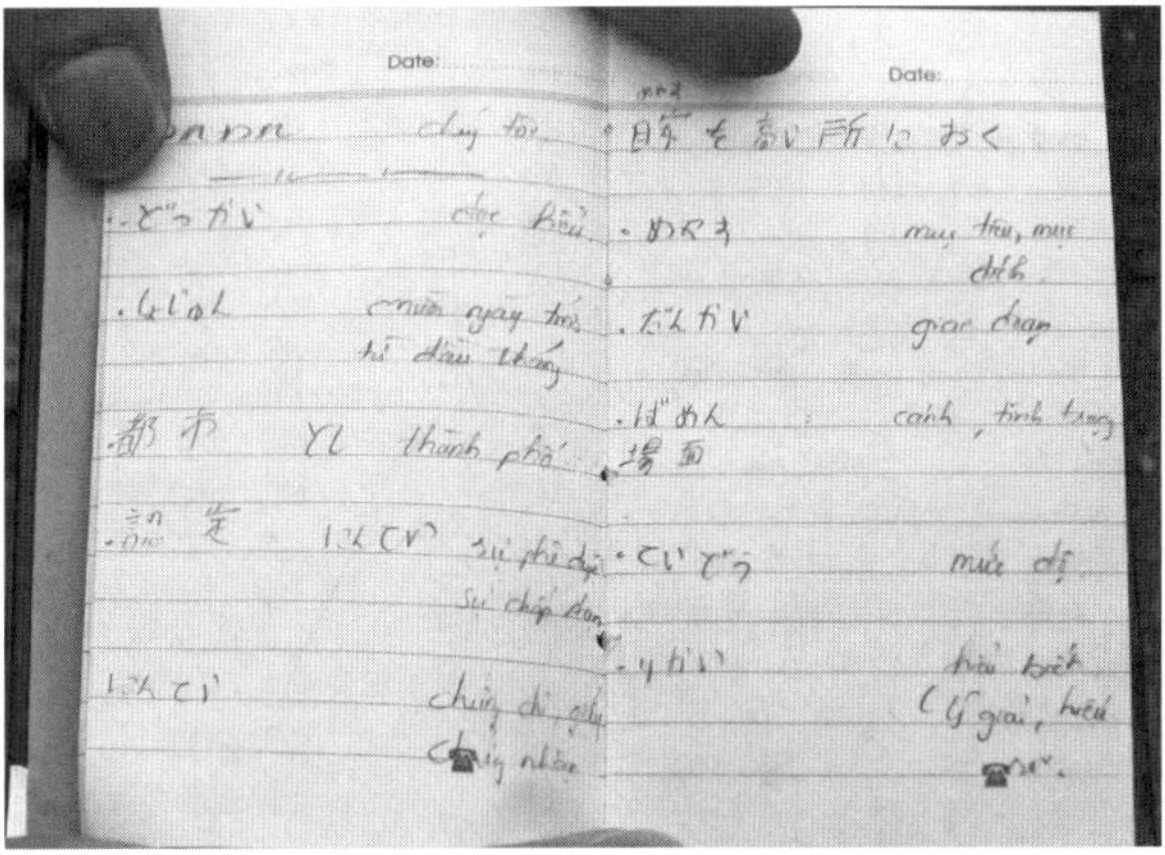

ベトナム人実習生が日本語検定3級取得を目指して勉強したノート。左に日本語、右にベトナム語訳が書かれている

この会社では、正社員並みに実習生にも社会保険をかけ、寮も完備している。そのため、寮の管理から福利厚生まで考えれば、実習生一人につき、二〇万円以上かかっているという。しかし、どれほど厚遇しても、実習生についてまわるイメージから「たこ部屋に詰め込んでいるんじゃないか」とか「奴隷労働させているんじゃないか」などという目で見られることも多いという。

「ひどい誤解だ。私は彼らを呼ぶ時にも『〇〇さん』と必ず、さん付けで呼んでいるよ。同業者でも無理解な人は多いよ」

社長自ら、寮に案内してくれた。日本人が入居するのと同じタイプで、全室、冷暖房完備で広さも十分にある。ベトナム人の実習生のために、特別にＷｉ－Ｆｉ（無線ＬＡＮ）も完備した。ベトナムに残してきた家族とスカイプ（インターネット電話）を使って話すためだ。また、週末はしっかり休暇を取ってもらい、土曜日には、毎週、日本語が堪能なベトナム人女性講師を招いて、日本語教室を開き、同時に、悩み相談などの機会にもしているという。

「まだ一年半だが、えらい頑張ってくれているよ。雇ってみて、仕事への意欲が日本人とは全然違う。すごい一生懸命。日本語をいつも手帳に書き込んで勉強していたり、日本語だけでなく、安全管理責任者になるための勉強をしていたりね。ハングリー精神の塊《かたまり》だね」

経済発展が始まったばかりのベトナムでは、都会では仕事が見つかるが、月収は二・五～三万円前後にすぎない。田舎では工業化が進まず、ほとんど仕事はないという。日本で働く実習生たちは、給料を節約して、ベトナムの家族に六万円前後を送金しているケースが多いという。

「稼いで豊かな暮らしをしたいという気持ちがびしびし伝わって来るんだよ。仕事でも、根性がある。彼らを見ていて、日本人の従業員たちが『俺たちもしっかりしなきゃ』と思ってくれた。相乗効果があって、今年は最高益だよ」

スカイプで事前面接

貴重な戦力であるベトナム人だからこそ、採用にも力を入れている。紹介された人をそのまま雇うのではなく、この会社では、直接、採用面接を行っている。インターネットを使った風変わりな面接だ。

まず、ベトナムの現地とスカイプでつなぎ、日本で働くことを希望する一二人ほどを順次、面接していく。スカイプが映し出すのは、早川社長が出した課題に対して、ベトナム現地で答える実習生候補の若者たちだ。

面談では、応募の動機や目標など、会話形式でさまざまな質問に答えていく。

さらに「スカイプ面接」がユニークなのは、実地試験が行われている点だ。たとえば、重い荷物を手際良く運ぶ、いわゆるバケツリレーの作業がどれだけスムーズにできるかを見る課題では、次々にバケツを運ぶ実習生らが映し出される。そうした映像を、社長が注

スカイプ面接の様子。左端が早川社長、プロジェクターで壁に映し出されているのが実習生候補たち

意深く見ながら、足腰の強さ、手際の良さ、器用さなどを測るのだという。こうして体力や実践面の能力も十分に見極めたうえで、採用を決めているのだ。

スカイプ面接は毎年行い、一二人ぐらいの中から、三人前後、選んできたという。

「旭川は、すべての業種で人材が不足していて、本州よりその状況は顕著で深刻だよ」

危機感を強く覚えていた社長だからこそ、ベトナム人実習生の活用に踏み切り、かつ、実習生を失えば、もはや後がないと思っているからこそ、貴重な戦力として日本人と同様に処遇してきたのだろう。

もちろん、貴重だとか、そうでないとかではなく、経営者が雇い入れた「労働者」を大切に処遇することは当たり前だが、それが実践されてきていない――実践しない企業が水面下で広がっている――状況下で日本の現状を厳しく認識し、外国人労働者を適切に処遇している現場と出会えたことで、私たちは少しほっとした思いにもなった。

実習生が後押しするグローバル展開

「日本人は一〇〇パーセント応募して来ない」と断言していた早川社長は、実習生から得た刺激を糧に新たな戦略に打って出ようとしている。

この会社は、従来から公共工事を主に事業を行っているため、安全管理に力を入れている。事故が起きれば、指名競争入札から除外されてしまうためだ。どんな現場にも果敢にチャレンジしたいという実習生たちは、そのため、安全管理について学ぶことにも意欲的だった。ベトナム人の実習生たちが、生産上の技術だけでなく、安全管理の技術も身につけてくれれば、これがチャンスになるのではないか――早川社長はそう考えるようになった。

ベトナムでは、これから経済成長が訪れ、公共工事が急激に増えるに違いない。その時に、安全管理がしっかりできる建設会社を現地に立ち上げれば、その波に乗り、グローバル企業として発展できるのではないかと考えたからだ。ここから巣立っていった実習生たちと、新しい会社をベトナムに構築する――その夢を持つことができたのも、実習生との出会いがあったからだと早川社長は感謝している。

当初は、日本の人手不足を補うという目的であっても、この会社のように結果が伴っているのであれば、実習生、そして地方企業、それぞれがＷｉｎ－Ｗｉｎの関係だということもできる。外国人労働者を不当に扱う企業が目立つ中、このように彼らを適正に処遇する企業も決して少なくない。人材不足の日本で共に働き、共に暮らしていく社会を実現していくために、そのような企業の事例をここでもう一つ紹介しよう。

福島県いわき市の水産加工会社

東日本大震災で大きな打撃を受けた企業でも、実習生によって、震災前の水準まで立ち直ったという例が現れ始めている。

細木社長と、ベトナム人実習生たち

福島県いわき市にある水産加工会社、オーシャン物産は、二〇一五年七月から、ベトナム人の実習生として女性を三人、受け入れ始めた。社長の細木茂彦さんは、六七歳(取材を行った二〇一五年当時)。

二〇一一年三月一一日、オーシャン物産は震災で津波の被害を受け、工場はほぼ全滅した。一時は事業の継続が危ぶまれたこともあった。その三か月後の六月、何とか再建したが、その直後、福島県産は、風評被害が広がり、売れなくなった。

さらに深刻な問題が立ちはだかった。社員やアルバイトを手を尽くして募集しても、まったく集まらないのだ。震災で失業した人が多いと聞いたので、「あっという間に応募がくるだろう」と簡単に考えていたが、時給を五〇円上げても、結果は同じで、駄目だった。

「今いる人の平均は六〇歳以上ですよ。最高齢は七〇歳だよ」

会社に残ってくれた従業員には、たとえ高齢でも辞められると生産が回らないため、働いてもらっていた。それほど困っている、と明かしてくれた。それでも注文に追いつかない状況が続いたため、藁《わら》にもすがる思いで実習生をお願いすることにした。すると、想像していたのとは違い、「思いのほか、良い子ばかりが集まったんです」と言う。

細木社長が驚いたのは、三つの点だった。一つめは、日本人以上に手先が器用で、水産加工の仕事に向いていたこと、二つめは、日本人の若者よりも目上の人を大事にしてくれる姿勢があること、そして三つめが、きっちり挨拶ができること、だった。

「やる気のない日本人より、数倍良い。これなら、もっと早くお願いすれば良かった」

Win-Winの関係を築く

三人の実習生たちは、仕事に取り組む姿勢も熱心で、目がきらきら輝いていた。若い実習生が現場に加わったことで、現場の機動力は倍増した。

カツオ漁の繁忙期になると、一時間に八〇〇キログラムをさばかなくてはならないが、実習生の中には、すでに包丁さばきが一人前の女性もいて、どんなベテランでも一尾一分ぐらいかかるカツオやサバを、ベテラン社員顔負けのスピードでさばいてくれて、驚かせてくれた。実習生のおかげで、この会社では、急な注文にも応えられるようになり、震災前の生産量を超え、出荷作業を軌道に乗せることができた。

「取引先から『この商品いいねえ、二〇〇ケース増やせない?』という電話がかかってきても、これまでは人手不足で加工が追いつかないから『残念だけど……』と断ることが多かった。でも実習生が来てくれたおかげで、断ることはなくなった。売り上げを上乗せすることができたのは、彼女たちのおかげだよ」

水産加工の工場では、早朝が勝負だ。首都圏や関西のスーパーに出荷し、朝一〇時の開店に間に合わせるためには、朝六時半には働いてもらう必要がある。ところが、朝早い仕事や休日出勤は、日本人社員には敬遠されがちだ。しかしベトナムから来た彼女たち実習生は、そこがまったく違ったという。

『日曜は、一・三五倍の給料なんですか？　喜んで働きます、喜んで！』という感じなんですよ。本当に助かりますよ」

企業の人手不足が解消され、同時に、実習生たちにも「時給割り増し」という形でメリットがもたらされた。ここでもＷｉｎ‐Ｗｉｎの関係が築かれているのだ。

この水産加工会社では、基本給のほかに、日曜日など休日出勤すれば、基準賃金の一・三五倍、残業代は一・二五倍、給料を払うようにしている。さらに、そうした待遇面の雇用条件を社長は契約書に記し、それも見せてくれた。

どこの事業所も、実習生とこうした正常な関係が築けるのであれば、実習制度は有意義な制度としてとらえ直すことができるのかもしれない。しかし、現状では、経営者個々人の人格にゆだねられた制度となっている側面も否定できず、現場の実態に大きな格差を生じさせているのではないだろうか。

実習生たちが抱える切実な事情

三人の実習生、それぞれに話を聞くと、切実な事情を背負って日本にやって来たことがよくわかる。二六歳で独身のウーティ・ヅオンさんは、包丁さばきの達人だ。なぜ日本に実習に来たのかを聞くと、「お父さんの病気を治すためにお金が必要なんです」と答えてくれた。

二七歳のチャイ・ティ・チアンさんは、離婚したあと、六歳の子どもを引き取った。今は、親に預けて働きに来たと言うが、「日本で働いて、息子の進学費用を貯めたい」という目標を持っている。

一番若い二三歳のホアン・ティ・ハンさんも独身だ。貧しい農家の出身で「家族のためです」と日本語で答えてくれた。日本語の上達は、一番早いそうだ。

それぞれと接してみると、「日本が自分たちの夢をかなえてくれるかもしれない」と期待に胸を膨らませていることが伝わってきた。

この会社でも、きっかけは「人材不足の穴埋め」として実習生の受け入れに踏み切ったことだったが、結果的に、実習生たちに多くの「学び」を与え、さらに帰国後にベトナムでも活躍できる素地を提供することにつながっていた。

実習先によって、「あたり」「はずれ」といった形で明暗が分かれてしまう実態——制度の運用の仕方を工夫すれば、「はずれ」の企業をなくすことができるだろうか。もし、その方法があるのであれば、実習制度を維持しながら、定住する外国人労働者を増やしていくことと、実習生を活用することを同時に進めていくことができるのではないだろうか。

第三章では、こうした国内外の状況の変化を受けて、外国人受け入れに関する政府の今後の方針や施策を見通したい。外国人労働者を受け入れるということは、その家族をも受け入れることだ。二〇二〇年の東京オリンピック・パラリンピックに向けて、日本社会はこれからどうなっていくのだろうか。

第三章　「共生」社会を目指して

──二〇二〇年の労働力　どうなる？

1　見直される外国人受け入れの指針

特区から始まった改革

こうした状況を受け、国は、働く外国人の処遇をどのように考えているのだろうか。二〇一七年に入り、怒濤の勢いで法改正が予定されている。

まず、第二章でも述べたが、実習制度を悪用する雇用先を取り締まるべく、二〇一七年一月には、認可法人「外国人技能実習機構」が新設された。受け入れ先の企業が実習計画を機構に提出し、認定を受ける（図2−3、2−4参照）。

新たな制度によって、実習生の人権がより慎重に保護されるよう、チェック機能を働かせることが可能になった。また、具体的にどういう現場で、どう実習を行うのかについて「技能実習計画」を策定させ、その計画が認可されなければ、実習生は受け入れられない制度に改めた。そうして、来日後、労働契約がないなど「約束が違う」ことが証明できなくても、実習生たちが「計画が履行されていない」など、企業に対して約束違反を訴える材料を持つことが可能になった、と専門家は評価している。

さらに、二〇一七年二月には国家戦略特別区域法（通称、特区法）の改正案がまとめられ、特区ごとに、実質的に外国人労働者を受け入れやすくする規制緩和が促進された。たとえば、「留学」の在留資格で来日した留学生でも、日本国内の専門学校などで学び、介護福祉士の国家資格を取ると、「介護」の在留資格に切り替えて働けるようになる。通訳や調理師などサービス業での外国人受け入れは、特区ごとに職種を選べるようにする。同年三月、農業人材の就労解禁のため、特区法改正案も提出された。

さらに同年四月には、東京都、神奈川県や大阪市といった特区限定で、外国人家事労働者、つまり「外国人メイド」を受け入れる、外国人家事代行サービスが始まった。これまで日本では、年収一〇〇〇万円以上の外国人の高度人材、および、大使館員の家庭に限って、外国人の家事ヘルパーの直接雇用が認められてきたが、法改正により、料理や洗濯、水回りの掃除から子どもの送り迎えといった家事を、一般家庭向けに提供できるようになった。これは、安倍政権が掲げる「女性の活躍支援」の一環ともされている。

こうした改正の背景にあるのが、外国人労働者受け入れに対する、政府サイドの根本的かつ重大な考え方の変化だ。

国の方針の大転換

二〇一六年九月、安倍晋三首相は、総理大臣官邸で「働き方実現会議」を立ち上げた。「ニッポン一億総活躍プラン」のもと、外国人材の一層の受け入れ拡大に向けた枠組みを検討するとして、これまでの制度の見直しなどに着手している。

その土台になったのが、その指針が示される四か月前、五月二四日に自民党「労働力確保に関する特命委員会」がまとめた提言だ。

「共生の時代」に向け、外国人労働者受け入れの基本的考え方としてまとめられた提言の中で、専門的・技術的分野の労働力以外の労働者を「いわゆる単純労働者」として、受け入れに慎重に対応してきた従来の問題点に対して、このような考え方をとるべきではない、としている。そのうえで、今後の受け入れについての基本的な考え方として、次のように提言している。

現在でも外国人労働者の増加が続く中で、今後、人口減少が進むこと、介護、農業、旅館等特に人手不足の分野があることから、外国人労働者の受入れについて、雇用労働者としての適正な管理を行う新たな仕組みを前提に、移民政策と誤解されないように配慮しつつ（留学や資格取得等の配慮も含め）、必要性がある分野については個別に精査した上で就労目的の在留資格を付与して受入れを進めていくべきである。（※傍線は引用者）

この文章で私たちが着目したのは「就労目的の在留資格」という記述だ。つまり、外国人を、技能実習制度や留学生、といった「就労目的以外の在留資格」によって受け入れるのではなく、正式に労働者として受け入れるべきだという提言になっているのだ。

この提言の中では、在留期間は「当面五年間」とされているが、これは定住化の問題が生じないように配慮した記述だ。文章の注釈にも「『移民』とは（中略）永住権を有する者であり、就労目的の在留資格による受入れは『移民』に当たらない」とわざわざ説明があるのも、これまでの政府の立場に慎重に配慮したからだと言える。しかし、期限付きであれ、労働者としての受け入れについて踏み込んだ表現をした点については、この問題を一歩前進させるものだと言えるのではないだろうか。

「単純労働者」の受け入れに抵抗してきた日本社会

農業、水産加工業、建設業、製造業など、今、外国人技能実習制度を活用して、ようやく働き手を確保している分野では、外国人の活用がなければ経営が成り立たないという声が聞かれる。こうした分野で必要とされているのは、「単純労働者」だ。もちろん、機械の動かし方、作業の進め方など、一定の技能を身につける必要はあるが、「果樹の収穫」「車の解体」など数年かけて実習するものかどうか、と問われると、違和感を覚える現場も少なくない。こうした現場で必要な非常に単純な労働力を「実習制度」で受け入れるのが果たして適切だと言えるのか。現場の経営者などからも「労働者」として受け入れたほうがいいのではないか、という意見が出るなど、制度と実態の乖離《かいり》が大きくなっている。

それでは、なぜ、日本は「単純労働者」が必要な分野を開放し、外国人の出稼ぎ労働者を受け入れてこなかったのか。

最大の要因は、外国からの出稼ぎ労働者の増加により、治安の悪化が懸念されるためだろう。そのうえで、受け入れに抵抗してきた理由は、日本人の雇用が奪われる可能性があるため、という不安感だった。日本の失業率は改善してきているものの、依然として「ニート」と呼ばれる、仕事をしておらず学校にも通っていない若者が数十万人規模で滞留していることなどから、単純労働者の市場を外国人労働者に明け渡してしまうことに抵抗があったのも事実だ。

しかし、少子高齢化が急速に進んだことにより、サービス業などが深刻な人材難に陥っている。このまま、労働力が適切に補充されなければ、経済活動が縮小していくと指摘する専門家も少なくない。もちろん、人口減少社会に転じることを前提にすれば、経済活動の縮小もやむを得ないことだという見方もできるが、一方で、外国人労働者の受け入れを積極的に進めて、国内総生産が落ち込むのを防ぐべきとする主張もある。

いずれにせよ、二〇二〇年の東京オリンピック・パラリンピックを前に、「必要な労働力を確保するために、外国人材を活用できる道筋を早くつけておくべきだ」ということが、国の方針の根幹にあることは間違いない。そのために、新たな制度を立ち上げたり、これまでの制度も見直していったりするのであれば、外国人を日本人と区別することなく、労働者として処遇していくチャンスではないだろうか。

2　新しい〝格差〟――多重格差社会

外国人労働者の子どもたち

実習生や留学生という形で、期限付きで日本で働く外国人労働者。その存在は、格差が拡大しつつある日本社会で底辺にあるワーキングプアの新たな層を形づくり、日本社会はいわば「多重格差社会」とも言える新たな局面を迎えている。そして、彼らが結婚（偽装結婚も含めて）などによって日本に定住し始めたことで、日本の格差社会は「外国人労働者」という、違法すれすれの安い賃金で働く、最底辺のワーキングプア層を生み出しつつある。

出稼ぎに来た外国人労働者と違い、日本人との結婚などで定住する外国人労働者は、日本で家族を育む。そのため、外国人と日本人のハーフ、という子どもも今後増えるだろう（「ハーフ」という言葉は差別的とされることもあり、「ダブル」「ミックス」などと表現されることもあるが、ここでは一般にもっとも伝わりやすいという判断で「ハーフ」とする）。

しかし、低収入で家族を持った外国人労働者の中には、家族を守り切れず、そのしわ寄せが子どもに及ぶケースが少なくない。

これは、外国人に限らず日本全体で「子どもの貧困」として非常に問題視されており、私たちも「NHKスペシャル　見えない〝貧困〟～未来を奪われる子どもたち～」としてかつて番組化したことがある（二〇一七年二月）。

今や日本は、子どもの七人に一人が「相対的貧困」と言われる（二〇一七年六月発表）。「相対的貧困」とは、途上国などに見られるような、生命をおびやかされるほどの「絶対的貧困」に対して、その国民全体の所得の中央値の半分を下回っている人の割合をいう。「新しい服が買えない」「高校生なのにアルバイトで家計を支えている」など、子どもが子どもらしい生活を送れない状態がこれまで可視化されずに来た。国や自治体による支援が必要とされている。

この「子どもの貧困」は、特に外国人労働者が多い学区でこれまでにない形で噴出し、支援の難しさに直面している。

経済的に困窮する中で、十分な支援もなく、自力で貧困を乗り越えようと闘っている少年たちと出会った。

両親の離婚後、貧困に

少年たちとの出会いは、先述した「子どもの貧困」をテーマにした番組の取材をしていた時だった。高校生が家計を支えるためにアルバイトに明け暮れる実態を取材したいと、問題意識を持っている教師たちに、生徒の紹介をお願いしていた時、ある兄弟に出会った。定時制高校に通う兄の翼くん、全日制高校に通う弟の優《まさる》くんの二人だ。

二人の父親は、パキスタン出身だ。がっちりした体格できりっとした目が印象的な兄の翼くんは、出会ったその日から、打ち解けて話をしてくれた。一見、怖そうな感じもあるが、笑顔を見せるとチャーミングで、礼儀正しい青年だった。弟の優くんは、エキゾチックな美少年という言葉がぴったりあてはまる、学校では人気者だろうなと想像させる少年だった。二人の見た目は、明らかに日本人とは違っていて、いわゆる「ハーフ」であることが理由で、幼い頃いじめられたこともあった、と話してくれた。困窮する外国人労働者の子どもたちがどんな人生を歩んでいるのか、話を聞いた。

彼らの父親は、来日後、工場で働いていた。その時に、友だちの紹介で知り合った日本人女性と結婚。その後、自動車部品の整備や販売を、夫婦で手掛けるようになった。しかし、収入が不安定で、二人が生まれた後も、暮らし向きはなかなか楽にならなかった。

夫婦げんかになると、お母さんの味方になっていた兄の翼くんと、甘えん坊でお父さんの膝の上が指定席だった弟の優くん。二人がいたからこそ、夫婦は支え合っていたが、文化の違いや考え方の溝が埋まらなくなり、兄の翼くんが中学一年生、弟の優くんが小学三年生の時、離婚した。夫婦の話し合いで、兄は母親が、弟は父親が引き取ることになった。しかし、それを兄弟が拒んだ。

「どっちにもついて行かない。僕はマー君と暮らす」

長男の翼くんは、こう言い切って両親に兄弟が一緒に暮らせるように訴えた。最後には、兄弟を引き離すのはかわいそうだと納得し、結局、父親が兄弟二人をまとめて引き取り、育てることになった。しかし、そこから、二人の貧困をきわめる生活がスタートした。

父親は、病弱で仕事が長続きしなかった。収入が途絶えがちの時、生活保護を受けても、子どもたちは常にお腹をすかせていた。

「冷蔵庫がいつも空っぽで、お腹すいても食べ物がなくて、三日ぐらい食べないこともあった」

翼くんは当時のことを赤裸々に話してくれた。父親は、頼れる友人や親戚もいない異国の地で困っても、どうすることもできなかった。その時、助けてくれたのは翼くんの友人とその家族だったという。ガスが止められたアパートで困っていると、「お風呂に入りに来なさい」と言って、帰りには食べるものも持たせてくれた。見返りを求めずに親切にしてくれる人たちがいたからこそ、今の自分がある、と兄弟は話していた。

中学卒業後、働きに

中学を卒業した翼くんは、弟を守るために進学せず、働く決心をした。一五歳の幼い翼くんが働いて家計を支えていた。それだけではない。病気が悪化して、寝たり起きたりの状態になった父親の代わりに、弟の保護者面接、参観日などの学校行事にも参加していた。

「高校進学の年、マー君は来年中学へ上がろうという時で、お金がなくて。『僕が高校へ行くと、今度はマー君が高校に行けなくなっちゃうんじゃないか』って思って。じゃあ、マー君を高校に行かせるために、僕は家のことをやって、バイトをしようと思ったんです」

優くんは、そんな兄に感謝しながらも、自分のために犠牲になってもらっていることを心苦しく思っていた。弟の優くんが中学二年生の時、翼くんは弟にたずねた。

「マー君、高校どうするの?」

「地元の高校に行きたい」

それを聞いた翼くんが、ポロッとこぼした。

「もう一回、やり直したいな。やり直せるなら、高校行きたいな」

それを聞いた弟の優くんは、すぐに賛成してくれた。

「俺、応援するよ。一緒に高校行こう」

翼くんは「応援するよ」という言葉を聞いた時には、鳥肌が立つほど嬉しかったと胸の内を明かしてくれた。それから、兄の翼くんは、働きながら通える高校があるのか、年齢制限がない高校があるのか、調べて、見つけたのが定時制高校だった。

「願書出しに行って、受験して合格した時には、弟のほうが喜んでましたね」

翼くんが一九歳、弟の優くんが一四歳の時のことだった。

祖国パキスタンへ帰った父

しかし、翼くんが高校一年生の冬、父親は病状が悪化し、祖国のパキスタンで療養したい、と二人のもとを去って行った。三か月後、弟の優くんが高校に入学し、その式を翼くんが見届けた翌日のことだった。「父親が亡くなった」と突然、知らされた。離婚以来、離れて暮らしている母親から電話で告げられたのだ。母親のもとには、パキスタンの親戚から連絡が入ったということだった。

翼くんは、兄弟がたった二人、取り残された日のことが忘れられないという。

「パパが亡くなって、僕はずっと泣いていたんですけど、弟は……泣かなかったんですよ。僕はもうずっとすごくずっと泣いていて、弟は泣かなくて『もう泣いてないで、頑張ろ。頑張ろ』って言ってました。『泣かないでよ、頑張ろ』って」

父の祖国のパキスタンに、葬儀に行く余裕もないまま、二人だけの高校生活がスタートした。悲しんでなどいられなかった。必死で生きていく、それだけだったという。

「マー君と二人で話し合った結果、『二人で頑張ろう』っていう結論がでたので、じゃあ、頑張ろうって。でも、徐々にきつくなって。本当に、どうしようやばい、って」

朝早く兄はアルバイトへ、弟は学校へ通い、夕方、弟が今度はアルバイトへ、兄が定時制高校に通う、忙しい毎日だった。二人が家へ戻るのは夜一〇時過ぎで、兄の手料理で夕食をとる時間が二人にとって、心が安まる唯一の時間だった。

「お兄さんの料理は美味しいの？」

そう聞くと、ある夜、夕食時に呼ばれた。キッチンでは、翼くんが弟のために腕を振るっていた。チーズが大好きだという優くんのために、肉とチーズでボリュームたっぷりの、美味しそうな丼だった。

「どう？」

そう聞くとニヤっと笑って、

「七〇点」

不服そうな翼くんが、

「いつも『美味しい、美味しい』って食べてるじゃん」

と言うと、その反応に満足げな様子で、

「ふふん」とちょっと嬉しそうにしている。

「ツンデレなんですよ」

翼くんは、私たちにそう言うと、弟が食べる姿をじっと見守っていた。実はこのメニューは二人のお母さんのオリジナルで、別れる前に作ってもらっていたのを覚えていたのだそうだ。

もらいものの冷蔵庫

兄弟は支え合って生活していたが、周囲からの支えがなければ、生活が立ち行かないほど困窮した時期もあった。

翼くんが料理をしている時、冷蔵庫に電気がついていないことに気づいた。その理由を聞くと、「これ、古いやつでもらいものです」と言いながら、冷蔵庫を開けてくれた。そして空っぽに近い冷蔵庫に入っているものも、多くがもらいものだと教えてくれた。

「この筑前煮は、友達の母親からだしね。自分で買ったのは、ケチャップ、マヨネーズ、卵かな」

「ほかにも節約しているんですか」

そう聞くと、家財道具なども、もらいものが多いと教えてくれた。唯一、買った炊飯器はリサイクルショップで安い商品を探したという。食器もだいたいがもらいものと言いながら、

「あ、これは二年前にマー君からもらいました」と嬉しそうに取り出して見せてくれたのは、二つセットになっているコップだった。

「あんまり使っていないです。置いておくだけでいいかなって」

もらいものを上手に活用して、節約しながら暮らしているという高校生兄弟の姿――そ

のことを、翼くんは誇らしげに、楽しそうに話してくれた。

兄弟二人がお互いを思いやる心が、お互いの生きるエネルギーになっているのは間違いない――そう、兄弟二人だったから、孤独にも陥らず、頑張ってこられたのだろう。

ハーフの子ども、というだけで背負いがちな劣等感を乗り越え、さらに親を亡くした困難に正面から立ち向かい、前向きに生きている姿を見ていると、私たち日本人はどれほど頑張っているのか――逆に自らを振り返させられた。

翼くんと優くんの二人の周囲にいる日本人は、「壁」を感じさせずに彼らと接し、支えているというよりは、むしろ上手におせっかいを焼いていた。もちろん翼くん、優くんの魅力によるところも多いだろう。

しかし、今後、こうした立場の子どもたちが増えていった時、私たちは、壁なく接し、隣人として「おせっかい」を焼くことができるだろうか。

そんなことを「もらいもの」に囲まれた二人の生活を見ながら、考えさせられた。

親世代より深刻化する貧困

「子どもの貧困」の取材をした時、一つ気がついたことがある。収入が少なく、働いても生活困窮から抜け出せない状態に陥っている「貧困」の世帯では、ハーフの子どもが目立つということだった。

もちろん、日本人の両親から生まれた子どももいるが、外交官や大企業の社員、研究者などを除くと、外国人のほとんどは日本人の低所得層よりもさらに厳しい所得水準で暮らしている。

移民を受け入れていない日本で、結婚による定住という選択をした、ある種の「移民」でもある彼らは、より貧しい祖国の暮らしを経験しているためか、日本での暮らしが厳しくても、耐えられるのかもしれない。

しかし、子どもたちは違う。日本で生まれ、日本人の子どもたちと同じような環境にありながら、経済的に日本人と同様の暮らしが許されないのだ。親が高齢になり、失業すれば、状況はさらに悪化する。

さらに子どもたちにとってハンディとなるのが、両親が離婚して、外国籍の親のほうに引き取られ――まさに翼くんと優くんのケースなのだが――、親が日本の社会保障制度を熟知していない場合、さまざまな福祉制度を知らず、支援が子どもに行き届かないということだ。親が病気になって、生活がいよいよ立ち行かなくなって初めて、生活保護を受けた例は少なくない。

外国籍の親を持つ子どもが、義務教育はもちろん、高校や大学への進学についても支援が受けられるように、公的なバックアップを進めなければ、小中学校さえ卒業できずにドロップアウトし、親の世代より貧困が深刻化する恐れがある。それだけでなく、定職に就くことができなければ、治安の悪化にもつながりかねない。

外国籍を持つ親が十分な収入が得られるよう、親側の就労支援を含めた支援も同時に行い、日本に定住する外国人の子ども、すなわち「二世」が日本社会で夢を持って羽ばたいていけるよう、必要な支援の枠組みを早急に整えるべきではないだろうか。

自力で貧困を乗り越えた「二世」たち

二〇一七年三月、翼くんと優くんは同時に高校の卒業式を迎えた。午前中は全日制高校の弟の卒業式、午後は、定時制高校の兄の卒業式。二人は、それぞれ式に参列し、それぞれ保護者として互いの式にも出席することにしていた。

父親の死に始まり、生活困窮、病気などさまざまな困難に襲われ続けた三年間を翼くんは振り返った。

「苦労したのはお金です。生活が苦しかったですね、ご飯も食べられない、買いたいものも買えない、電気やガスが止まったこともありました。涙が出る余裕もなかったです。そんなことより、今日どうしよう、明日どうしようっていう感じでしたね」

ようやくつかんだ卒業だった。翼くんは、学校をやめるしかないと思うこともたびたびだったという。

「学校のお金が払えなくなった時には『休学しかないかな』って一瞬、思ったり。でも、一度、休学して甘えてしまうと繰り返しそうで。今の生活をなくしちゃったら自分じゃないし、『休学』で逃げればいいって思うのは良くないから。だから学校をやめるとか考えず、今の生活の中でどう頑張るか、でしたね。学校の友達も好きだったから」

いじめや差別を越えて

どうしてそこまで頑張れたのかと聞くと、「国籍や肌の色」でいじめられたりすることがかつて辛かったこと、我慢できなかったこと、それ以外なら「何でも我慢できる」と思えたことを話してくれた。兄弟二人のたくましさ、その強さの根源を知った思いだった。

「学校に通いながらも、仕事は頑張らなくちゃいけない。でも、そういう時『おまえ親がいないからな』って言われたり、『国籍がな』って言われたり、『肌の色が』って言われるなら、そんな仕事辞めてもいいって思うし、弟にも、そう話しているんです。でも自分の遊ぶ時間がない、とか苦しいという理由で仕事を辞めないほうがいい、って弟には言いましたし、僕はそう思ってやってきました。逃げるようなことはしたくないし、弟にもして欲しくないんです。だから、今が一番苦しいと思わないでおくんです。僕と弟は今が苦しいと思ったら甘くなって逃げたくなるから、二人で必ず言い合うんです。『俺たちはまだまだだよ。俺らより苦しい人いっぱいいいるから』って」

中学時代、外見が日本人と違うから、といじめを受け、不登校になった経験もある翼くんは、だからこそ、どん底の生活にも耐え抜き、卒業をつかむことができたと話してくれた。

「卒業できた時は、もう『ああ！　卒業できた！』って思いました。やっと、やっと……やっと。僕はずっと『中卒』でしたから、『中卒』っていう、そういうのを背負ってやってきて『この俺が、高校を卒業したよ』って。中学も行けなかった時もあったし、中学では卒業式も出られなかったから。高校は行かずに人生が終わると思っていたのに『この俺が卒業したよ』って。あきらめてたことだけど、叶ったから、あきらめなければ何か変わる、自分が動けば変わるって信じられるようになりました」

弟の想い

一方で、弟の優くんも卒業式を特別な想いで迎えていた。小学校の時から保護者参観には兄が来てくれていた。「弟を守らなきゃ」と必死で守ってくれる兄の愛情に包まれて、もちろん自分も働いて、一緒に頑張って迎えた卒業だった。

優くんにとって、兄の翼くんは、親そのものだったと話してくれた。

「バイトが終わっても、辛いことがあっても、兄に愚痴を言えばもうすっきりするので、ストレスをためずに頑張れたのかな。もう、兄の存在が大きいですね。助けられたのは、数え切れないです。ずっと、一日に一回は絶対、助けられています。兄は、お父さんとお母さんの両方みたいな存在です。お金も稼いでいるし、何かあったら頼りになるお父さん、そして夕飯を作ってくれたり、家庭的でもあるから、お母さんみたいな」

兄に助けられたという一方で、優くんは別の想いも語ってくれた。

「僕は父親が亡くなって、二人になって、強くなれたというか、逆に守らなきゃって思いました。俺が、兄を。ああ見えて弱いところが多いじゃないですか。その弱いところを僕が逆に、自分が強くなれば、お互い弱いところを補える感じになるじゃないですか。だから、やっぱ、兄が泣くところだったら、僕は泣かないって決めてますね」

優くんの答えを聞きながら、高校入学直後に父親を亡くした時、優くんが泣かずに励ましてくれた、と感謝していた翼くんの言葉を思い出していた。こうして、何かあった時、どちらかが踏ん張って、それをお互いが理解して、卒業というゴールまでたどり着いたのだろう。

兄弟一緒の卒業式

卒業式の朝、二人は「一緒に卒業を迎えられたことが嬉しい」と言い、式場に向かった。

午前中、全日制高校を卒業する優くんの式には、保護者席に翼くんが参列した。優くんが入場行進の時、誇らしい笑顔を見せると、それを見守る翼くんは神妙な顔で見届けていた。「今日で、優くんの親代わりの役目からも卒業する」ということが少し寂しそうでもあった。

午後、定時制高校での翼くんの卒業式には、今度は、弟の優くんが参列した。翼くんは、卒業生を代表して答辞を読むことになっていた。答辞のために、一か月前から何度も書いては直し、書いては直し、読む練習も繰り返してきた。

「卒業生代表！」と名前を呼ばれると、「はい！」と大きな返事をして翼くんは壇上へ向かった。優くんは、真剣な表情で答辞を聞いていた。

翼くんの答辞には、卒業まで支えてくれたすべての人たちへ、感謝がつづられていた。教科書が買えなかった翼くんに、教科書を探し出して、そっと渡してくれた学校の先生。

離婚して、新しい家庭を築いた後にも、兄弟を遠くから励まし続けてくれた母親。そして、答辞の最後につづられていたのが、弟の優くんへの感謝だった。

何より、家族に一番、感謝しています。僕が学校にいる間、家を支えてくれた弟。「高校だけは卒業して欲しい」という願いを今日、形にして見せることができ、誇らしい気持ちでいっぱいです。だからこそ、普段は言えない言葉をこの場を借りて言います。

本当にありがとうございました。（答辞より）

卒業式が終わって、卒業生たちが体育館から出て来ると、校門の前で兄を待っていた優くんは、開口一番、「答辞、良かったじゃん」と翼くんに声をかけた。

「俺、どんな答辞になるのか、前もって聞いてなかったけど、良かったよ」

「ツンデレ」の優くんにそう言われると、翼くんは黙って手を差し出した。

二人は笑顔で握手した。兄と弟、互いに感謝の思いをこめて手を握っていた。

一分ほど、握手が続いただろうか。照れくさそうに握手していた弟の優くんが「いつまで握ってんだよ」とついにこらえられないように、兄に言った。

「あ、ごめん、ごめん」

兄の翼くんは、笑って手をふりほどき、校舎に戻っていった。

一人になった弟の優くんに、答辞を聞いた感想をたずねると、満面の笑顔でこう話してくれた。

「ありがとう、いや、『こっちこそ、ありがとうだよ』みたいな感じですよね。『ありがとう』なんて言われること、していないよ、って。一言でいうと『俺のほうこそ、ありがとう』です。本当にもう……『今までありがとう』と『これからもよろしく』っていう感じかな」

それぞれの道へ

兄弟は、卒業後、それぞれ就職し、別の道に進んでいくことになっている。かつて、全日制高校に通っていた弟の優くんは、大学進学を考えたこともあった。しかし、大学に進学するためには、奨学金を受けなければ難しい。優くんの場合、授業料に加えて、生活費なども借りることになれば、その額は、少なくとも五〇〇万円ぐらいになる。「卒業した後、万が一、返済ができなくなれば破産してしまう」という恐怖から、進学を断念したという。

兄の翼くんは、「とにかく貯金をしたい」と、早く社会に出て働きたいと思い続けてきたといい、翼くんらしい就職先――障害のある人たちを支援する施設で職員として働くことが決まっていた。

そして二〇一七年四月――二人は、スーツに身を包み、社会人として一歩を踏み出した。二人の初出勤を見送ると、なぜか安堵した。きっと将来、それぞれが家庭を持つことになっても、仲の良い兄弟であり続けるのだろう。二人は、もはや貧困を乗り越え、未来に向かって踏み出したのだ。

外国人労働者の二世たちは、自力で貧困を乗り越え、たくましく日本社会への一歩を踏み出した。兄弟が力を合わせて生きてきたからこそ、乗り越えられたのだろう。しかし、子どもたちの「強さ」があっても、支援が足りないことは事実だ。日本に生を享《う》け、日本で育ち、日本人として社会を支える人材となる外国人の子どもたちが今後、ますます増えていくことを前提に、早い段階で支援の枠組みを構築する必要があるのではないだろうか。

弟への手紙

兄の翼くんは、卒業式の翌日、弟の優くんに一通の手紙を渡した。翼くんは、その中で何度も繰り返し、「ありがとう」を伝えていた。答辞だけでは到底、伝えきれないと思ってつづった手紙だった。

遅れて高校に行く俺を応援してくれてありがとう
一緒にいてくれて　ありがとう
頑張ってくれて　ありがとう
生まれてくれて　ありがとう

日本で働く外国人労働者が、一〇〇万人を超える時代が到来している。日本で結婚し、家庭を持つ外国人は今後も確実に増えていくだろう。一方で、「子どもの貧困」は、二〇一七年に入って、データ的には、少し改善傾向が見えるとはいえ、依然として一割を超える子どもたちが貧困状態に置かれている。外国人の親を持つ子どもは、そうした中でも、もっとも大きなハンディを背負わされた存在といえるだろう。

私たちは、共に生きる外国人と向き合える社会を実現するためにも、翼くんの言葉を忘れずにいたい。相手を思いやり、感謝すること——それが、共生社会への出発点だと兄弟に教えられたように思えてならない。

3　外国人と「共に暮らす」社会へ

社長はバングラデシュ出身

このように、共生社会を考えるうえで、日本の企業に何が必要なのだろうか。「もう一度日本で働きたい」と外国人に思ってもらうためには、どうすればいいのか。外国人労働者として来日したバングラデシュ人が「日本で働く外国人を助けたい」と立ち上げた会社で、その具体策を見ていきたい。

二〇一六年六月、神奈川県相模原市に、日本で働きたい外国人が殺到する建設請負会社があると聞いて、さっそく取材に出向いてみた。建設、と聞いただけで「また建設現場で外国人を安価に酷使しているのではないか」と思いながら取材に入った私たちは、見事に予想を裏切られた。むしろ「外国人労働者と共生する未来像」を目の当たりにした思いに至った。外国人の労働者たちが日本を支える時代――そして外国人と日本人が共に暮らす新時代が到来したと思える現場との遭遇だった。

株式会社「シャプラ・インターナショナル」は、相模原市の住宅街から少し離れた郊外にある。朝七時過ぎ、出勤時間に訪ねると、社員の顔ぶれが国際色豊かであることに、まず驚かされる。バングラデシュ、インド、パキスタン、ギニア、タンザニア、マリ、ナイジェリア、トルコなど、働きに来ている外国人の出身国は四〇か国あまり。アジア各国はもはや珍しくなく、アフリカ諸国からやって来る人も、五年前ぐらいから急激に増え始めているという。

仕事の内容は、主に住宅基礎工事の請負だ。シャプラに発注が来るのは、ほかの会社と比べて、「安いから」だ。だからといって、外国人を安く働かせているわけではない。この会社では、外国人社員もすべて「正社員」として雇用している。社会保険にも加入させ、健康診断なども日本人社員と同じように処遇するようにしている。

そうした噂は、外国人の間で〝口コミ〟で広がり、ここで働きたいという要望が殺到。私たちが取材に訪れている時にも、そうした相談の電話がひっきりなしにかかってくる。

少し話が逸れるが、この会社を訪れていると、働く人たちの立場に立った「優しい会社」であることを感じる瞬間が多々ある。たとえば、日本人社員の最高齢は、八四歳になる左官職人の村田さんというベテランだ。働くことが大好きで、会社にいることが生きがいのような村田さんには「いつまでも、働ける限り、働いて欲しい」という会社側の要望を伝えている。村田さんは、自分の腕が請われていることを知って、安心して勤務し続けられるようだった。「年寄りは、邪魔者扱い」といった風潮は、この会社ではあり得ない。そうした、どんな社員も尊厳をもって処遇している、という安心感が働く人たちを包んでいる会社だった。

最初は食べるのにも困っていた

なぜ、外国人や弱い立場の人たちに優しい会社が実現したのか――。それは、会社をおこした社長夫婦の「思い」が詰まった会社だからだ。社長は、バングラデシュ人のモバーク・ホシェーンさん。そして、専務という肩書きで、社員たちの「お母さん」の役目をしている妻の宣子《のぶこ》さん。夫婦は、社員たちを家族のように大切に思い、育ててきた。

二二歳で来日したモバークさんは、さまざまな仕事を転々としながら、日本で働いてきた。やがて宣子さんと出会い、国際結婚をした。当初、モバークさんは、長続きする仕事に就けず、生活費はいつも赤字だった。当時のことを宣子さんに聞くと、必死で仕事を探しても見つからず、やがて今の会社の原点とも言える場所ができたのだという。

「当時は食べていくのにさえ困っていました。どうやってこれから生きていこうかっていう観点から、会社を始めたんですけれど、最初のうちは、会社を大きくしようとか、外国人をたくさん雇いたいなんて、思ってもいませんでした」

モバークさん。地域の夏祭りに参加している

二人が食べていくのに困らない分を稼ぐことができれば、と思って始めた会社だが、仕事に困った外国人たちから、いつも切羽詰まった相談がきて、途切れることがなかった。こうした人たちも、自分と同じように、仕事を見つけて、困らないようにしてあげなければいけないと徐々に思うようになったという。

「同じ外国人から『働かせて欲しい』という要望があふれ、外国人の社員が一人、また一人と増えていった時に、思ったんです。『自分たちがどう生きようか』じゃなくて、『みんなでどう生きようか』っていうことだなあって。今の会社の形になっていったのは、特別なプランがあったのではなく、会社を大きくしようと何か計画したのではなく、みんなを守りたいと思ったら、そうなっていっただけなんです」

宣子さんは、そう言うと満面の笑顔になった。色白で目がクリっと大きく、笑顔を絶やさない宣子さんは、一緒にいると、こちらも笑顔にさせられてしまうような暖かい女性だ。まだ入社まもない社員たちは、何か不安なことがあると、宣子さんのそばに来て、じっと声をかけられるのを待っている。

「何、どうしたの？」

宣子さんは、こうした社員たちの表情をこまやかに観察し、発見し、気配りをしている。一日、宣子さんを見ていると、よくこれだけ動き回れるものだと、見ているほうが疲れるほどだ。それでも、宣子さんは、この会社をもっと働きやすい会社にしたい、と会社の未来を語っていた。

「働きやすい環境を作っていくために、どうしたらいいのかということは、私自身もまだはっきりわからないです。外国の人たちの意見を取り入れて、いろんな国の人たちが、とにかく集まってきて、言語がわからなくてもどうしたら働けるのかとか、一つずつ、考えていく。それで一八年が経ちました。大事なことはね——相手をまず知ろうとすることかな」

CHO-REIから始まる一日

朝七時半、建設現場に出発する前、シャプラでは全員を集めて朝礼をしている。住宅基礎工事の現場は、二人組で出向くことが多く、社員たちが顔を合わせる朝の時間が重要だと思っているためだ。

言葉がわからない社員が多いため、朝礼のことは「CHO-REI」と書いて、場所や時間を知らせている。実際、シャプラでは、ローマ字表記の看板などが少なくない。大工道具を説明する時にも、イラストに合わせてローマ字表記をすることで、「道具の名前」をしっかり覚えてもらえるような工夫が随所に見られる。

「英語のわかる人はいいけど、英語のわからない人もいるから絵がいいと思って」と宣子さんが説明してくれたので、注意して見てみると、確かに道具の名前、操作の手順など、あらゆることがイラストで説明されていた。ジェスチャーのように、言語に頼らない

シャプラの朝礼の様子。互いに在留カードの確認を行う

掲示物は英語、ローマ字、日本語を駆使して書かれている

やり方で多くのことを間違いなく伝えている。そのやり方に、なるほど、とうなずかされた。

朝礼が始まる直前になると、ぞろぞろと社員たちが集まって来る。そこに宣子さんがやってきて、さっそく、社員に向かって話しだした。

「たばこを吸いながら、歩いちゃ駄目。たばこは決まった場所でしか、吸えないって言っているでしょ」

上司からの注意というより、まるで母親からの「お小言」のようで、しかし、そのほうが彼らの心に響いているように感じた。

みんなが集まりずらっと並ぶと、まずは、朝の号令から始まる。これが、一風変わった号令だ。

「在留カード、免許証」

課長が号令をかけると、社員は声をそろえて、応える。

「よーし！」

続いて、課長の号令が続く。

「ヘルメット」

「よーし！」

「安全靴」

「よーし！」

在留カードに始まり、ヘルメットや安全靴など、現場に出る外国人社員が身につけていないといけないもののすべてについて、きちんと身につけているのか、朝一番で確認しているのだ。

その後、社長のモバークさんから、社員へ訓辞がある。その朝は……。

「私は、もう、毎回毎回、同じこと言っていると思うんだけど、忘れないで欲しいのは、今、私たちは、日本の社会で働いているということなんですよ。日本のルールで生きているんですよ。そして、日本人のために一戸建ての家を造っているけど、日本ではね、人生で一回しか、家を買えないと思うんですよ。だから大事に造って欲しい。そして日本のルールを守って欲しいんです」

日本では日本のルールに従う

モバーク社長が社員へ話す場面には何度か遭遇したが、そのたびに「日本のルールを守って欲しい」ということを伝えていた。

なぜ、しつこいほど繰り返すのか——。その理由は、それぞれの出身の国の慣習が日本では通じないということがわからずに、日本人の客を怒らせてしまったり、逆にそのことで外国人の社員たちが傷ついたりする姿を見続けてきたからだという。

「バングラデシュのルールは、バングラデシュに置いといて欲しいんですよ。パキスタンのルールは、パキスタンに。それぞれの国にそれぞれの国のルールは置いといて、日本では、日本のルールに従って欲しい。日本のルール、日本の社会や文化に学んで欲しいんですよ。それが、この社会で生きていくために必要だね」

そう言うと、モバークさんは笑った。モバークさんは、日本で二〇年以上働き続けて、そのことを痛感しているという。だからこそ、朝礼など、さまざまな機会を通じて、社員たちにも繰り返しそれを伝え続けている。

その日、朝礼で配られていたのが、健康診断の通知だった。中には、日本語が読めない社員もいる。宣子さんは、一人ひとりの状況に応じて、健康診断とは何か、何をすればいいのかを、教えていた。日本人の妻のいるインド人、ルワンダさんには、

「奥さんに読んでもらってね、説明書。必ず、朝、うんち採って来てください」

ルワンダさん、恥ずかしそうに「はい」と言って、うつむいた。

その時、会社の中では部長を任されている、パキスタン人の古株サルモンさんが現れた。サルモンさんは、検便の意味がわかっていないようだった。宣子さんは念を押すように、繰り返した。

「うんち、採ったでしょ?」

「採ってない」

「なんで? 採って、って私、言ったでしょ?」

宣子さんが問い詰めると、下を向きながらブツブツ言っているサルモンさん。その様子を見ていて、宣子さんはいらいらを募らせている。

「今、うんち、大丈夫? 今、できる?」

首を横に振るサルモンさん。

「できないの？　まったくもう」

どんどん体を縮めるように、申し訳なさそうにしているサルモンさんが気の毒なのだが、そのやりとりがおかしくて吹き出しそうだった。

「サルモン、いいよ。今日中に、うんち採りな。それで、明日、一緒に持って行こう」

「うん、わかった」

日本語が不自由でも働ける仕組み

微笑ましいやりとりを終え、朝礼が終わると、今度は、それぞれが割り振られた基礎工事の現場に出向く準備が始まった。トラックに必要な工具などを積み、出発する前、事務所の宣子さんのもとへ、あるモノを取りに来る。

それが業務用のスマートフォンだった。そのスマートフォンには、シャプラがソフト会社と共同で開発した地図ソフトが組み込まれていて、割り当てられている建設現場までの「道案内」をしてくれるという。それぞれの現場までの道案内がセッティングされているため、間違いのないよう行き先ごとのスマートフォンを手渡す必要がある。その配付役も宣子さんだ。

「みなさーん、スマートフォン忘れずに持っていってくださいね。チームごとに取りに来てね」

そう呼びかけながら、私たちには、スマートフォンがどういう仕組みで動くのか、簡単に説明してくれた。

「この地図に現在地と目的地がセットしてあって、ちゃんと誘導してくれるし、たとえ迷子になっても、迷子になった場所を現在地として表示してくれるので、私たちが迎えに行くとしても、対応が早いんですよ」

宣子さんの説明によると、このアプリは、スタート地点であるシャプラ本社と、ゴール地点である仕事現場を設定後、出発すると、GPSで現在地を示しながら、マークが動いてゴール地点である仕事現場を目指すというナビゲーションシステムとなっている。地名が日本語ではなくローマ字表記になっており、彼らが見てもわかりやすく、さらに運転中に、「次は右折」など英語で音声案内もしてくれるので、彼らも道に迷わずに目的地に到着できるようになっているのである。

実際にアプリを見せてもらい、「なるほど」と感心させられた。宣子さんに言わせると、日本の地図が読めずに、いちいち社員が送迎をしなければならないというのも現実的ではなく、かといって、何の支援もなしに放置すると遅刻などが頻発しかねないから、当然必要な支援として発案したアプリなのだという。感心しながら見ていると、さらに「自動的に現場に連れて行ってくれるソフトなのよ」と、嬉しそうに、少し自慢げに宣子さんが教えてくれた。

会社にモスクを造った

もう一つ、この会社が外国人社員のために行った、思い切った投資が「モスク」の建設だった。社員には、イスラム教徒の信者が少なくない。一日に五回、礼拝する社員のために、会社の施設としてモスクを造ったのだ。それは、バングラデシュ人の社長自ら、敬虔《けいけん》なイスラム教徒であることも理由の一つだった。

「どうしてモスクを会社で造ろうと思ったのですか」

礼拝がイスラム教徒にとって大切なことであるのは、もちろんわかっていた。しかし職

シャプラのオフィスから200メートルほどのところにあるモスクにて。右端がモバークさん

場にモスクがなくても、外で礼拝するシーンを取材で見かけたこともあり、働くには困らないのではないかと思っていたので、「そこまで会社が整備する」ことが不思議だった。しかしモバーク社長は、モスクはイスラム教徒にとって絶対に必要なものだと繰り返し強調した。

「イスラムには、お祈りの場所が必ず必要なんですよ。こういう場所で祈ることが、心の癒やしになりますから。バングラデシュだけでなく、インド、パキスタン、スリランカ、ネパール、マレーシア、どの国のイスラム教徒にとっても、みんな祈りの場が必要なんですよ。こうして心を癒やせる場所があれば、じゃあ、そこに行って、お祈りしましょうってなるでしょ。それで長く働けることにつながるんですよ」

私たちは、大勢が集まる金曜日の夜の礼拝を見せて欲しいとお願いして、モスクを特別に取材させてもらえることになった。普通は、信者以外には同席させないというお祈りの時間と、その後、信者たちが一緒に食事をする時間にもモスクで何が行われるのか、見せてもらうことができた。

にぎやかな食事の時間

お祈りの時間が近づくと、休みの日ということもあり、シャプラの社員たちをはじめ、子ども連れのイスラム教徒たちが続々と集まってきた。子どもたちはTシャツにジーパンと軽装だが、大人たちは、イスラムの正装をしている人が目立ち、そうでない人も、スーツ姿など、きっちりした服装をしている人が多い。礼拝が始まると、真剣な表情で厳かに、静かに聖典を読み上げ、祈る姿が見られた。私たちも身が引き締まる思いがした。その時間は子どもたちも静かだった。

しかし食事が始まると一転、今度は、急ににぎやかになる。祖国への思いを確かめ合う人、子育ての悩みを打ち明け合う人、それぞれが、それぞれに、普段は口にできないことを話す大切な時間になっているようだった。

「こういう場所がなければ、外国人同士、同じ宗教を信仰する者同士、語らう場所がないでしょう。だから大切な場所なんです」

お祈りに来ていた社員の一人に話を聞くことができた。カリルさんだ。

「社長は、こういう場所があるからこそ、長く働くこともできると話していましたが、どうですか？」

「仕事場の近くにこういう場所があれば、私たちイスラム教徒にはお祈りは一番大切ですから、本当に良いと思います。仕事を終えてここに来ると、金曜日は本当に楽しい。こういう場所に来て、アフリカ人もいるし、パキスタン、インド、バングラデシュ、アラブ、イラン、みんな来て、お祈りして、それが、本当に楽しい。あなたも、これから来てください」

実際、お祈りが終わってすぐに帰る人はいなかった。そこから皆、仲良く食事をとりながら、あちらこちらで情報交換をしたりして、話に花を咲かせている。カリルさんは、しばらく居残って取材をしていた私たちに気づき、にこやかに笑顔を向けて、手招きしてくれた。どうやら「一緒に食べれば」と勧めてくれているようだった。ここに来れば、誰でも温かく迎えられるような、そんな心地よい「居場所」だった。

祭りで神輿をかつぐ外国人たち

外国人が日本社会になじむうえで、シャプラの姿勢から学ぶことは多かった。イスラムの拠り所を造り、大切にする一方で、日本文化を受け入れようという積極的な姿勢があったことも印象的だった。会社がある相模原で、伝統的な祭りが開催される時、会社は地元の団体として、その祭りに参加していた。祭りの日、取材に行くと、インド料理「タンドールチキン」(鶏肉をヨーグルトや香辛料などの調味料に漬け込んで焼いた料理)の屋台を手伝ったり、町内会の神輿《みこし》をかついだりと、国籍を問わず従業員のほとんどが祭りに参加している。

屋台の店先でモバーク社長を見かけた。自らチキンを運んだり、販売したりと率先して店先で動いていた社長に、なぜお祭りに参加するのか聞いてみた。

「日本人とか、外国人とか、関係ないです。私は日本に住んでいるから、日本の文化も守りたいし、日本のマナーを大切にしたいと思うんです。私は、同じ会社で働く外国人にも、日本のマナーと日本の文化を覚えて欲しいと思うんです。町の人と仲良くなって、町にも貢献したいって思うんです。ここは、日本だから」

モバークさんの答えに、外国人と共に働き、共に暮らしていく共生社会のヒントがあるように思えた。

モバークさんは、会社の近くにモスクを建設している時、「なんで、あんな気持ちの悪いもの造るの」と言われて、傷ついたことがある。完成した後にも「モスクに、変な人たちが集まっている」と通報されて、とまどったこともある。こうした経験を繰り返したこともあって、「地域社会で誤解されたくない」と強く思うようになったという。

「私たちが変な外国人だと誤解されないためにも、私たちが、日本のルールや文化を学び、日本人の目で見て、変な行動をしないようにしなくてはならないと思うんです。町の人と仲良くなって、町のために貢献したい、その気持ちが変わることはありません」

モバークさんは、そう言うと、何度もうなずきながら、その思いをかみしめているようだった。

忘年会、そして社員旅行

社員に日本に溶け込んで欲しいというモバークさんと宣子さん夫妻の思いは、会社の年中行事にも反映されていた。その一つが社員旅行だ。宣子さんに聞くと、温泉旅館などに一泊二日で出かけ、日本らしい文化を味わってもらいながら、プライベートな相談などにじっくり耳を傾ける時間にしているという。それだけではない。年末には、社員一同集まって、忘年会を催すことにしている。「忘年会」という年忘れの行事があることを知ってもらうとともに、和食の店を選び、日本の味も伝えたいのだと話してくれた。

「外国人の社員のために会社がそこまでお金もかけるのは、すごい大変だと思うんですけど、なぜ、そこまでするんですか」

思わずしてしまった質問に、宣子さんは丁寧に答えてくれた。

「私たちが外国人の社員とうまくやっていくには、相手を知ろうとすることに尽きると思うんですよね。私たちの次の世代は、外国の人たちと共に働いていく世代になっていくと思うんですよ。今、他文化の人たちが大勢入ってきて、その人たちと一緒に生活していかなくてはならないっていう次の世代の人たち、その時代が来ると思うんですよね。その時が必ず来るからこそ、どうやったら日本人も外国人もみんな幸せになれるかということを、もうちょっと突き詰めて、今、真剣に考え始めないと手遅れになる気がするんです」

「手遅れというのは？」

「今、外国人は稼ぎに来ますよね。でも、稼いだら終わり、ということではない時代が来るということですよね。日本に暮らして、生きていく時代になれば、稼ぎ終わったら、祖国に帰るということではなく、稼ぎ終わっても、日本で暮らしていくということですから」

社員旅行のバスの中

「何もしなければ、稼ぎ終わったら、帰ってしまうということですか？」

「そうです。国に帰ってしまうと、『また日本に行って、働こう』という気持ちがなくなるんじゃないかと思うんですよ、今の日本のままでは。稼ぐだけ稼いで国に帰ったら、日本との縁は切れて、二度と協力しようとは思わなくなる、でも、それじゃ駄目です。共生社会といっても難しいですから、今、自分たちにできる形を作っていけば、サンプルになるかもしれないと思った部分もあります。未来のサンプルになりたいと思っていた部分もね。一八年間、会社をやってきて思うのは、未来のサンプルでありたいということです」

宣子さんは「未来のサンプル」という言葉を繰り返し使っていた。自分たちの会社が実践してきたことが、日本の未来には「当たり前」のことになっていって欲しいという切実な思いがその言葉から強く感じられた。その言葉を聞きながら、外国人が安心して働ける場所を増やしていかなくてはならないということを――今の日本では安心して働くことも安心して暮らすこともできていないのだということを――思い知らされ、これまでディレクターとしてさまざまな取材を通して、国際社会の一員であるとささやかながら自負もあった自分に、恥ずかしさを感じるとともに、こうした現状に気づいてこなかったことへの苛立ちを覚えた。

家族ごと支える

宣子さんを密着取材していたある夏の夕暮れ、普通の会社では見かけないであろう場面に遭遇した。

社員たちが仕事を終えて後片付けに戻ってきた時のことだった。子どもの夏休みの宿題を持って宣子さんのところに相談に訪れたのは、パキスタン人の男性だ。夏休みの絵日記の宿題をどうしたらいいのか、子どもと一緒に悩んでいたらしい。

「夏休みの宿題、これどうしたらいいのか。子どもに教えたくて」

宣子さんは、笑いながら受け取り、鉛筆で見本を書き始めた。

「これは、過酷だねえ。難しいよね。朝顔の観察日記だよね」

日本では夏休みの宿題の定番の一つだ。宣子さんは手近な紙に朝顔の絵を描きながら、

「これと同じようにね、毎日、天気を書いたり、花が咲いたとか、見たままを書くんだよ」

と教えている。その説明をうなずきながら聞いていた彼は、しばらくすると「ありがとう

ございました！　先生、ありがとう」と嬉しそうに見本の絵を手に、ほっとした表情を見せた。

宣子さんも「はい、はい。宿題終わりましたね」と笑顔を返している。宣子さんは、彼らにとって雇用主であると同時に、日本の母であり、先生でもあるのかもしれない。その場面に遭遇した時、外国人を支えるということは、こういうことなんだろうと感じさせられた。

会社は「働く場所」に違いないが、日本で安心して働いてもらうためには、仕事をしてもらって終わりではない。同居する家族の暮らしも支えなければならないのだ。宣子さんは、「子どもの宿題を一緒に考えること」が安心して働ける社会の土台につながると知っているからこそ、嫌な顔一つせず、絵日記の書き方を丁寧に教えているのだろう。

日本社会で働き、税金を納め、家族を養って暮らす外国人たち。その人たちが安心して暮らせる「共生社会」を実現するためには、まだまだ、やらなければならないことがたくさんある。

日本で亡くなったインド人

株式会社シャプラの取材で忘れられない人の一人が、インド人のダルジットさんだ。宣子さんは、会社の健康診断で数値が悪かったダルジットさんを気にかけていた。

「健康診断、結果はどうでしたか」

直接、ダルジットさんに聞いてみると「少し太りすぎですね」と答えてくれた後、「それでも健康診断をしてくれるのはありがたいです」と話していた。

「会社が大好きです」と笑顔で答えてくれたダルジットさんが、それほど深刻な病状だとは思っていなかった。取材からしばらく経って、亡くなったことを知らされた時には、呆然《ぼうぜん》となった。

そして後日知ったのだが、体調を崩していたダルジットさんが突然苦しみだした時、そばにいたのは日本に来てまもない社員だった。救急車を呼ぶことを知らなかったため、ダルジットさんは数時間苦しみ続け、ようやく病院へ搬送された時にはもう助からない状態だったそうだ。

災害時や緊急時、外国から来たばかりの人は、ＳＯＳを発する方法がわからず、支援が遅れがちだということが、災害や緊急事態が起きるたびに指摘されている。もちろん、頻繁に起こることではないが、だからこそ万が一に備えることが重要だ。

宣子さんだったらどうするだろう……と考える。おそらく、今後は救急車の呼び方も、社員に教える日常の知識の一つに加えるに違いない。こうして経験から学んでいくことで、「何が欠けているのか」を教える側が気づき、そして、具体的な実践につなげていくしかないのだから――。

モバーク社長も宣子さんも、ダルジットさんの弔いを手厚く行った後、遺体を祖国に送るために、かなり苦労したようだった。遺体の腐敗を防ぐ「エンバーミング」という処置をして、そのあと空路で送ろうとしたら、業者から数百万円の請求書が届いたという。

もちろん外国人労働者が日本で亡くなることを想定した、遺体搬送などの料金をカバーする保険などが存在するわけではない。しかし、祖国の墓に埋葬したいというダルジットさんの親族の願いをかなえるため、遺体はインドへ空輸された。

「私たちにとっては家族と同じだから」

宣子さんとモバーク社長の努力の甲斐あって、ダルジットさんは無事、祖国に帰っていった。その運送料を聞いて、社長夫婦の懐《ふところ》事情が心配になったが「お金は、死んだらお墓に持って行けないんだから」と、一蹴されてしまった。

夫婦の〝人の良さ〟はそれだけではない。社員たちに月額平均三〇万円前後の給与を払っている一方、業務量が減ったりして収益が下がった場合には、自分たちの給与をギリギリまで減らして対応している、と話してくれた。その話をした後にも、宣子さんは同じことを言った。

「だって死んだらお金は墓に持っていけないんだから、困らないぐらいでいいじゃない」

働く外国人の思い

会社が大好きで、日本が大好きだと話していたダルジットさんは、私たちの取材にも、いつも丁寧に応じてくれていた。生前、たどたどしい日本語で答えてくれたインタビューが耳に残っている。

「私が建設現場で働いて造った家は、私がいなくなっても五〇年先でも生きるじゃない？ すごいと思いますね。この家ができて、どんな家族が入っても安心して住めるように、そういう気持ちで造ってます。しっかりね」

ダルジットさんは、自分が建設に携わった新築の家に住む日本人のことを思い、誠実に一生懸命、家を建てていた。

宣子さんが口癖のように話してくれた一つに、シャプラで働く人たちは、「日本人と何も違わない」ということがある。日本で働き、日本で子どもを育て、そして給料の中から税金も払い、日本の社会保障の恩恵も受けながら、そして日本で〝生きて〟いる、ということだ。


今、日本では格差社会が広がり、弱い立場の人たちに優しい目線で接する余裕を失っているように思える。日本に働きに来る外国人も、「日本に、セーフティネットになるような縁（＝つながり）を持っていない」という意味では、弱い立場の人たちだろう。

そうした人たちが、社会とつながりを持ち、安心して働いてくれる存在になっていってくれれば、少子高齢化が進展していく日本の将来にとって、それこそ「安心できる」未来を作ることにつながっていくのではないか——そう思えてならない。それとも、私たちの社会は、あくまでも外国人は「期限がきたら帰ってしまう滞在者」にすぎない存在として拒み続けていくしかないのだろうか。

日本で働く外国人一〇〇万人——その人たちの思いに私たち日本人が応えられるのか、それが未来へ向け、共生社会を実現できる一歩を踏み出す鍵ではないだろうか。

おわりに

通訳や翻訳の会社を運営していた長野保子さんという友人が去年、突然お亡くなりになった。友人といっても、二〇歳以上も年上で「第二のお母さん」として慕ってきた大先輩だ。長野さんは、NHKに入局した二年目に出会った時から、私に数多くの外国人を紹介してくれた。

「日本に留学してから、日本が大好きになって、日本人と結婚して日本で死んでいくつもり」と話していたアメリカ人のエリー。エリーは、私に毎週一回、英語を教えてくれるはずだったが、いつのまにか日本語が上手くなりすぎて、会えば日本語で会話がはずみ、英語は結局、身につかなかった。

韓国から夫と一歳の子どもを連れて、日本に来ていたウンスクさんは、夫がCGデザイナーとして日本で勉強したいから、という理由で来日。ウンスクさんは「韓国料理を教える教室を開きたい」というので、長野さんと私は必死で場所を探し、材料を探し、お手伝いした。教室はいつも盛況、笑顔の素敵なウンスクさんはいつも輪の中心にいた。

そのほかにも、世界各国の友達に囲まれていた長野さんのおかげで、私は、国境を越えた「縁」に恵まれて、この二〇年を過ごしてきたように思う。だからだろうか――日本の移民政策には、どこか違和感を覚えてきた。

これまで、あらゆる分野でグローバル化の波に遅れまいとしてきた日本で、人材の受け入れという一点において、グローバル化の議論が置き去りにされてきたのは、なぜなのだろうか。

この二〇年間、失われた一〇年が、失われた二〇年となり、日本では、経済成長が低迷し続けている。日本人の平均所得も、いったん下がった後、少し持ち直したものの、ほとんどその水準は上がっていない。

一方、アジア諸国は急成長を遂げ、もはや中国やインドは日本を追い越すほどの凄まじいスピードで発展を遂げている。日本とアジアの賃金格差は年々縮まり、上海などの大都市では、もはや日本よりも賃金水準が高い業種が少なくない。アジアの人たちにとって、日本で働く賃金面のメリットが失われようとしているのだ。

本書では、そうした時代を読み違え、安くて都合のいい労働力としてアジアの人材を使い捨てにしている実態が、いまだに日本に広がっていることを伝えた。しかし、これから痛い目を見るのは、むしろ私たち日本社会ではないだろうか——「もう日本では働きたくない」と本気でアジアの人たちが背を向けるようになってしまう前に、私たちは、考え直す必要があるのではないだろうか。

第三章で紹介した国の指針にもあるように、今後、日本はオリンピックなども見据え、外国人を日本人と区別することなく、「労働者」として処遇していくことを検討する動きはある。そうなれば、これまで「実習生」「留学生」として覆い隠されてきた建前がとれ、単純労働者が「労働者」として滞在が許されることになる。それが実現して初めて、日本に定住する人たちのために文化や宗教などの違いを超えて、あらゆる面で「外国の人たちと共に暮らす」社会を私たちは目指していくことになるだろう。その時、私たちの社会には、新しい活力や創造力が生まれるに違いない。

本書で現場の取材にあたった小林竜夫ディレクターは、どんな現場でも、外国の人たちとすぐに打ち解けた。第三章で紹介した、バングラデシュ人が社長をしているシャプラという建設会社では、取材が終わった後にも忘年会に呼ばれて「盛り上がりましたよ」と報告が届くなど、その取材を超えた人間力には驚かされるものがあった。「心に国境という境界線がない」という小林の人間力が、虐げられた外国人の悩みに寄り添い、その本音を日本人である私たちが受け止めるチャンスを作ることにつながったのだと、今、そう感じている。

二〇二〇年の東京オリンピック・パラリンピックに向けて、外国人との真の意味での共生社会を考えるチャンスを迎えている。日本人が気がつくことのできない「日本の魅力」

をグローバルに発信し始めている地域も増えている。ご当地グルメ、伝統産業、あらゆる日本文化が、外国人の目線で「再発見」され、本格的に輸出に乗り出そうという動きもある。

こうした時代の転換点に立った今、日本に迎え入れようという外国人労働者を、私たちは、社会の一員として、共に生きる仲間として、迎え入れる覚悟が必要なのではないだろうか。

二〇一七年七月

ＮＨＫ名古屋放送局報道部　チーフ・プロデューサー　板垣　淑子

【執筆者プロフィール】

板垣淑子（いたがき・よしこ）

ＮＨＫ名古屋放送局報道部チーフ・プロデューサー。１９７０年生まれ、１９９４年ＮＨＫ入局。ＮＨＫ報道局・社会番組部「クローズアップ現代＋」などを経て現職。主な担当番組は、ＮＨＫスペシャルの「エイズ感染爆発をどう防ぐのか」（２００３）、「調査報告 日本道路公団」（２００４）、「ワーキングプア」（２００６、ギャラクシー賞大賞受賞）、「無縁社会」（２０１０、菊池寛賞受賞）、「老人漂流社会」（２０１３〜２０１６）ほか多数。

小林竜夫（こばやし・たつお）

ＮＨＫ青森放送局放送部ディレクター。１９７１年生まれ、１９９３年ＮＨＫ入局。社会情報番組部、政経・国際番組部、社会番組部「クローズアップ現代＋」などを経て現職。主な担当番組は、ＮＨＫスペシャルの「巨樹　生命の不思議」（２００６）、「ワーキングプア」（２００６）、「追跡　復興予算19兆円」（２０１２）、「復興　正念場の夏〜〝建設バブル〟と被災地〜」（２０１４）ほか多数。共著に『新日鉄ＶＳミタル』（ダイヤモンド社）。

校閲　鶴田万里子
ＤＴＰ　ＮＯＡＨ

NHK取材班

NHKスペシャル「ワーキングプア」(2006)取材班のディレクターが、
労働問題・格差問題をテーマに取材を続け、
外国人労働者がワーキングプア化している実態に注目。
「クローズアップ現代+」では、
「シリーズ 新たな隣人たち」「外国人労働者100万人時代へ」(2016)
などとして繰り返し放送され、反響を得た。
2020年の東京オリンピック・パラリンピックに向け、
今後も労働問題をテーマに徹底取材を続ける。

NHK出版新書 525

外国人労働者をどう受け入れるか
「安い労働力」から「戦力」へ

2017年8月10日　第1刷発行
2019年2月5日　第2刷発行

著者　NHK取材班

発行者　森永公紀

発行所　NHK出版
〒150-8081東京都渋谷区宇田川町41-1
電話 (0570) 002-247(編集) (0570) 000-321(注文)
http://www.nhk-book.co.jp (ホームページ)
振替 00110-1-49701

ブックデザイン　albireo

印刷　壮光舎印刷・近代美術

製本　ブックアート

Printed in Japan ISBN978-4-14-088525-3 C0236

NHK出版新書好評既刊

521
冷戦とクラシック 音楽家たちの知られざる闘い
中川右介
カラヤン、バーンスタイン、ムラヴィンスキー……。音楽にも国境があった時代、指揮棒を手にした「戦士」がいた。もうひとつの戦後史を克明に描く。

522
「エイジノミクス」で日本は蘇る 高齢社会の成長戦略
吉川 洋・八田達夫 編著
高齢化は日本にとって難題だが、対応するイノベーションが起きれば需要もGDPもまだ伸びる！マクロ・ミクロの両大家による、明るい未来展望。

523
子どもの脳を傷つける親たち
友田明美
マルトリートメント（不適切な養育）によって傷つく子どもの脳、阻害されるこころの発達。脳科学の視点から小児精神科医が警鐘を鳴らす。

524
「あなた」という商品を高く売る方法 キャリア戦略をマーケティングから考える
永井孝尚
転職や昇進などキャリアアップの方法を、さまざまなマーケティング手法から、わかりやすく解説。本書を読めば「あなた」の市場価値は10倍になる！

525
外国人労働者をどう受け入れるか 「安い労働力」から「戦力」へ
NHK取材班
外国人の労働力なくしては、もはや日本の産業は立ち行かない。現代日本のいびつな労働構造を乗り越え、「共存」の道筋を示す。